D1704940

Geest-Verlag
Verlag für engagierte Literatur

Marlies Winkelheide

Ich finde nicht die richtigen Worte

Mit einem Vorwort
von Renate Welsh-Rabady

Marlies Winkelheide
Ich finde nicht
die richtigen Worte
Geest-Verlag 2014
2. Auflage März 2015

ISBN 978-3-86685-484-0

© 2014 Geest, Vechta

Lange Straße 41 a,
49377 Vechta-Langförden
Tel. 04447/856580
Geest-Verlag@t-online.de
www.Geest-Verlag.de

Dieses Buch ist
Uschi Pixa-Kettner und **Christian Kettler**
gewidmet,
einer Schwester und einem Bruder,
sie sind nicht *miteinander verwandt.*
Mit beiden Menschen verbindet mich jedoch eine besondere Beziehung, sie sind auf ihre Weise *besondere Geschwister.*
Sie haben mich auf ihre Weise begleitet und mein Beobachten, mein Fragen, mein genaues Hinsehen geschärft.

Uschi Pixa-Kettner, 1948 geboren, Professorin der Universität Bremen von 1982 bis 2012 im Fachbereich Erziehungs- und Bildungswissenschaften (Behindertenpädagogik), begleitete mich als Wissenschaftlerin und Kritikerin von Beginn der Seminare für Geschwister an.
Sie starb im Dezember 2013.
Von ihrem Tod erfuhr ich zunächst durch eine Anzeige. Im Januar 2014 gab es eine Trauerfeier, an der ich teilnehmen und erleben konnte, wie viele Menschen ihr verbunden waren. Es wurden würdigende Worte gesagt, und wir hörten gemeinsam Uschis Stimme im Rahmen eines Chors, bei dem sie mitgesungen hatte.

Im Juli hatte sie mich zuletzt in der Janusz Korczak-Geschwisterbücherei besucht.
Ich habe Räume gesehen, die von einem kunterbunten geordneten Durcheinander geprägt sind, liebevoll mit

Sinn für Details ausgestattet, und damit in gewisser Weise auch für die offene Arbeitsweise stehen, die von Marlies Winkelheide in den vielen Jahren geprägt und entwickelt wurde. Immer eine Entdeckungsreise!
Alles Gute für die Zukunft!
Prof. Dr. Uschi Pixa-Kettner, Universität Bremen, 2.7.2013

Sie war von ihrer schweren Erkrankung gezeichnet, und doch kam ihr Tod dann unerwartet für mich. Plötzlich gab es keine Antwort auf Mails, Karten und Briefe mehr. Und dann las ich die Anzeige.
Uschis Gedanken und Anregungen werden uns auch in Zukunft begleiten.
Sie hatte eine einzigartige Innen- und Außensicht, wie sie nur jemand haben kann, der wie sie Schwester einer Schwester mit Behinderung war und sich dem Thema Behinderung in beachtenswerter Weise in der Wissenschaft widmete.
Sie konnte zuhören und auf Worte hinweisen, sie suchen, diskutieren, damit niemand sich verletzt fühlen konnte, wie es niemand sonst kann.

Christian Kettler lebte mit einer Metachromatischen Leukodystrophie und starb am 12. Februar 2014.
Seine Familie durfte ich über Jahre begleiten, vor allem seinen jüngeren Bruder Tom. Christians Wesen lässt sich am besten mit den Worten von Tom erschließen:

Mein Bruder Christian hat keine Fähigkeiten, die wir sofort wahrnehmen könnten. Viele würden deswegen sa-

gen, dass er nichts kann. (Na ja, wahrscheinlich würden die meisten das aus Höflichkeit nie sagen!) Aber das stimmt so nicht ganz.

Er hat zum Beispiel, obwohl er nicht sprechen kann, die Fähigkeit, Menschen zu beruhigen.

Ich habe es noch nie erlebt, dass sich zwei Menschen in Gegenwart meines Bruders gestritten hätten. Wenn er im Raum ist, gehen alle respektvoll und freundlich miteinander um.

Wie andere Menschen ihn wahrnehmen, ist schier unglaublich. Ich glaube, jeder, der meinen Bruder kennt, mag ihn. Alle sind nett zu ihm. Ein ganz klein wenig macht mich das sogar neidisch, wenn ich darüber nachdenke. Ich meine, wer würde es nicht super finden, wenn alle ihn mögen würden?

Christian schafft es, jeden Menschen ein wenig netter und die ganze Welt ein Stück besser zu machen. Er ist also, obwohl er in unseren einfältigen Maßstäben sehr wenig kann, ein sehr einflussreicher Mensch.

Christian schafft es auch, denke ich, die Menschen zum Nachdenken zu bringen.

Und auf irgendwie eine Art, denke ich, bewundere ich ihn dafür – meinen großen Bruder.

Tom, 16 Jahre, Christian, 20 Jahre.

Christian lehrte mich zu beobachten, zu warten, zu versuchen, er lehrte mich Behutsamkeit und Umsicht und vieles mehr.

Sein Schicksal, wie das Leben anderer Menschen mit dieser Erkrankung, deren Weg ich schon begleiten durfte, lehrte mich Achtung und Demut vor der jeweiligen Form der Bewältigung dieses Lebens.

Als Christian starb, konnte ich mich noch direkt von ihm verabschieden.

Zwei Tage später bekam ich folgende Nachricht:

„Wäre es dir möglich, in der Mitte der Gedenkfeier die Gestaltung zu übernehmen, also die beiden Lieder (Regenbogen, Kinder-Halleluja) und dazwischen einige Worte, die du für richtig und wichtig hältst?"

Es ist eine große Herausforderung, bei einem Abschied „letzte Worte" formulieren zu sollen, zu dürfen. Sie werden in einer besonders emotionalen Situation gehört, werden ausgesprochen und können nicht mehr korrigiert werden.

Die Geschwistergruppen Bremen, die Tom kannten, haben mich dabei unterstützt, sie zu finden.

Es war ihnen wichtig, dem Bruder zu zeigen, dass sie für ihn da sind, Symbole auszusuchen, von denen sie wussten, dass Tom sie schätzte. Und es war für mich bei dieser Aufgabe hilfreich, ein Symbol für alle mitzunehmen, die beim Abschied von Christian dabei waren, eine Spirale in Regenbogenfarben, die Erde und Himmel verbindet.

Sie erinnert jetzt an vielen Orten ohne Worte an den besonderen Menschen, der Christian war.

Ich danke Familie Kettler und allen Familien vorher, die mich gebeten haben, eine solche Aufgabe zu übernehmen. Sie zeigt mir auf, wie wenig Worte können, wie schwer es ist, die ‚richtigen Worte' zu finden, und wie wichtig es dennoch ist, dass Worte gesagt werden, die in Erinnerung bleiben, die Erinnerung stärken.

Vorwort
Worüber man nicht sprechen kann ...

Ein Kind spricht seine ersten Worte.
Die Mutter strahlt, das Kind wiederholt, was es eben gesagt hat, strahlt zurück. Da sieht es den Schatten, der das Gesicht der Mutter verdunkelt. Es versteht nicht, spürt umso mehr.

Dieses plötzliche Verdüstern wird es noch oft erleben, immer dann, wenn es ein Stück Welt erobert, das sein Bruder, seine Schwester nie erobern wird. Die Eltern werden seine Fortschritte staunend und glücklich beobachten und bei jedem Schritt gleichzeitig für den Bruchteil eines Augenblicks daran denken müssen, dass ihr älteres Kind diesen Schritt nie tun wird.

Was immer das Kind lernt, lernt es auch im Hinblick auf den Bruder, die Schwester, nie nur für sich allein.

Sprache wird gleichzeitig kostbar und gefährlich. Viele Wörter, die harmlos daherkommen, sind mit Sprengstoff beladen. Es ist nicht einfach, sie zu erkennen. Manchmal ist es besser, überhaupt nicht zu reden.

Weil sowieso keiner versteht.

Weil sie ja selbst oft nicht verstehen, wie widersprüchlich ihre Gedanken und Gefühle sind, um wie viele Nummern zu schwer.

Im Umgang mit ihren Geschwistern haben diese Kinder gelernt, schärfer als andere zu beobachten, gleichzeitig zärtlich und analytisch genau feinste Signale wahrzunehmen. Diese Stärke macht sie aber auch verletzbarer als andere. Manche von ihnen scheinen leichter Wir zu sagen als Ich.

Marlies Winkelheide zeigt in diesem Buch, wie wichtig es ist, diesen Kindern Raum zu geben, in dem sie ihre sehr beachtlichen Stärken entwickeln können, aber auch die Hilfen und Stützen finden, die sie brauchen, weil der Preis für ihre Stärken doch sehr hoch ist.

Ein Wort wie Normalität hat eine völlig andere Bedeutung für diese Kinder. Auf einer Ebene empfinden sie ihre Familien als ‚normal' – eine andere Normalität kennen sie nur von Beobachtungen –, wissen aber gleichzeitig, dass ihre Normalität mit der Normalität der breiten Mehrheit oft nur wenige Schnittpunkte aufweist. Das macht Verständigung so schwer und kann zu einer bedrohlich einsamen Sprachlosigkeit führen. Marlies Winkelheide setzt aus diesem Grund in ihrer Arbeit viele verschiedene Symbole und Rituale ein, die Kommunikation auf anderen Ebenen möglich machen und letztlich auch dazu führen, dass in der Gruppe der Geschwisterkinder schwierigste Themen doch angesprochen werden können, besonders weil vieles unangesprochen vorausgesetzt werden darf.

Gerade die Beispiele in diesem Buch sind Denkanstöße, die weit über den konkreten Fall hinaus berühren und hilfreich werden.

Wenn man sich auf dieses Buch einlässt, wird einem klar, dass man sich selbst belügt, wenn man glaubt, diese Kinder zu verstehen. Man versteht sie nicht, und auch Bewunderung und Mitleid können dazu eingesetzt werden, sich nicht ehrlich auf ihre besondere Situation einzulassen. Was sie brauchen ist Achtung, jene bedingungslose Achtung, die aus jeder Zeile dieses Buches spricht, das möglich wurde, weil die Geschwisterkinder in ihren Gruppen den Raum fanden, in dem sie ihre Möglichkeiten entfalten konnten

Renate Welsh-Rabady

Inhaltsverzeichnis

Ich suche nach Worten: Warum?

Ich suche nach Worten: Warum?

‚Ich finde nicht die richtigen Worte' war in meinem Kopf schon immer der richtige Titel für das Buch, das ich noch schreiben wollte.

Mich hat vor Jahren der 9-jährige Simon beeindruckt mit seinen Worten: *„Ich finde nicht die richtigen Worte, um meiner Mutter klarzumachen, dass sie auch mal auf meiner Seite stehen soll."*

Mehr habe ich nie von ihm über sein Anliegen erfahren. Nach zwei Jahren, in denen Simon zwei Seminarreihen besuchte, rief die Mutter mich an und sagte, dass es nun keine Schwierigkeiten mehr gäbe. Und wenn sie gewusst hätte, dass es sozusagen so einfach wäre, hätte sie das gleich gemacht.

Aber so einfach war es dann doch nicht, denn Simon hatte von ihr etwas erbeten, was ihr zunächst Mühe in der Umsetzung machte. Sie musste der jüngeren, behinderten Tochter etwas zumuten (was der Tochter keine Schwierigkeiten bereitete, der Mutter schon), damit Simon die Mutter für sich allein hatte, wobei er in dieser Zeit eigentlich gar nichts von ihr wollte.

Er hatte so lange immer wieder nach Worten gesucht, mit ihnen gerungen, bis die Mutter diese Idee aufnehmen konnte.

Er hat sich nicht dabei helfen lassen.

Und ich?
Warum übernehme ich diesen Titel?
Ich möchte gerne von meinen Erfahrungen in der Begleitung von Geschwistern schreiben, zum Suchen auffordern, Geschwistern eine Möglichkeit anzubieten, die sie dauerhaft unterstützen kann.
Ich möchte Fragen aufzeigen, von Janusz Korczak sprechen und Beobachtungen teilen.

Warum ist denn das so schwer?
In einer Zeit der Vielfalt von Angeboten für Geschwister, in einer Zeit der Qualifizierungen für diese begleitende Arbeit von Geschwistern in kürzester Zeit habe ich oft das Gefühl, dass ich angreife, wenn ich von unseren Bemühungen spreche, wenn ich das „Ich weiß nicht" von Janusz Korczak zitiere, denn Menschen hören nicht mehr zu, verteidigen ihre Projekte, die ich gar nicht angegriffen habe.
Ich suche nach einer Möglichkeit der Auseinandersetzung in gegenseitiger Akzeptanz der unterschiedlichen Formen von Angeboten im Hinblick auf das Ziel einer ‚effizienten' Begleitung von Geschwistern.
Mich bewegt schon viele Jahre die Frage, welche Eltern mit welchem Ziel welche Kinder zu welcher Zeit in welcher Lebenssituation in welche Form des Angebots schicken, welcher Mensch aus welchen Beweggründen unterschiedliche Projekte bevorzugt, wie Entscheidungen fallen.

Und zu welchem Zeitpunkt, aus welchem Anlass sich dann auch erwachsene Geschwister aufmachen, sich ihrer speziellen Geschwisterfrage zuzuwenden.

In der Fachwelt begegnet man mir oft mir großer Skepsis.
Ich kann keinen Rat geben – auch wenn ich oft aufgefordert werde, einen Beitrag zu veröffentlichen. Ich kann nicht allgemein sagen, was man tun muss, damit es nicht zu Konflikten zwischen Geschwistern kommt.
Eltern fragen häufig, was sie tun können, damit es für das Geschwisterkind keine Schwierigkeiten gibt.
Ich kann das alles nicht.
Ich kann nur von Beispielen erzählen, von Lösungsmöglichkeiten, die ich kennengelernt habe.

Ich kann nicht von unserer Arbeit sprechen und die Gedanken von Janusz Korczak dabei weglassen. Darum bitten mich viele, die bei mir um Informationen anfragen.
Die Gedanken von Janusz Korczak sind prägende Leitgedanken für unseren Blickwinkel, für die Grundlagen, auf denen wir unser eigenes Konzept entwickelt haben.
In manchen Situationen macht es immer wieder Sinn, sich mit den Texten und Kontexten von Janusz Korczak zu befassen und sich zu fragen, wie sie in der heutigen Zeit zu deuten sind.
Die Originaltexte und Erzählungen fordern mich immer wieder neu heraus.

Für wen schreibe ich?
In erster Linie für Geschwister, die mich bitten, ihre Anliegen mit zu vertreten.
Für die Eltern?
Für Fachleute?
Für mich selbst?

Man spürt es vermutlich bei den einzelnen Kapiteln des Buches, an wen ich dabei jeweils in erster Linie gedacht habe. Eigentlich ist alles für alle Adressaten geschrieben, für Geschwister, Eltern, Fachleute.
Ich habe ‚einfach' geschrieben, weil ich nicht anders konnte.
Und immer und immer wieder habe ich Worte korrigiert.
Irgendwann muss man loslassen.
Loslassen ist auch so ein Wort, das man eigentlich in seine Teile, verbunden mit Zeiten und Auseinandersetzungen, zerlegen sollte, und nur in einzelnen Prozessen beschreiben kann.
Und jetzt ist der Zeitpunkt gekommen, zu dem ich mich verpflichtet hatte, etwas Geschriebenes fertig zu haben.
Das, was ich über die zweitbesten Lösungen für das Suchen nach Bewältigungen für schwierlge Lebenssituationen gesagt habe, muss ich nun für mich umsetzen.
Es geht darum, eine zweitbeste Lösung zu akzeptieren als die im Moment einzig mögliche und daher beste, damit eine Situation beendet werden kann, um frei zu

werden, nach weiteren, neuen Möglichkeiten zu suchen.

Warum ein Buch über Sprache?
Ich lebe seit mehr als 40 Jahren mit einer vietnamesischen Familie, mit, in und zwischen den Kulturen. Wir haben eine gemeinsame Sprache zur Verständigung, für uns alle eine Fremdsprache. Meine Brüder, ihre Eltern mussten die deutsche Sprache lernen, ich hätte ihre Sprache lernen können und habe den Zeitpunkt dafür verpasst.
Es bleibt bei einigen Themen eine bestehende Herausforderung, uns mit Worten zu verständigen.
In der vietnamesischen Sprache gibt es ein ‚Ja', das besagt, ‚ich habe dir zugehört'.
Und es gibt ein ‚Ja' (auf einer anderen Tonhöhe), das bestätigt, ‚ich habe verstanden, was du mir gesagt hast'.
Wir sind geübt in der Kommunikation miteinander und vergewissern uns mitunter, was verstanden wurde und auf welcher kulturellen Ebene, damit Missverständnisse dort vermieden werden, wo es mitunter möglich ist.

Mir ist es wichtig, dass das Anliegen dieses Buches verstanden wird.

Ich bin umgeben von Worten, höre Menschen zu, nehme Worte und Sätze auf. Manchmal geht das so schnell, dass ich Tage und länger brauche, um zu verstehen, was mir mitgeteilt wurde, mir und dem Gegenüber die Zusammenhänge zu erschließen, Fragen formulieren zu können.

Menschen tragen Worte mit sich herum, vor sich her. T-Shirts sind damit bedruckt. Das ist modern und herausfordernd zugleich – manchmal. Hier nur einige Beispiele:

Ich bin nicht kompliziert,
sondern eine Herausforderung.

Es ist nicht immer leicht, ICH zu sein.

Ich bin Autist. Welche Entschuldigung haben Sie?

Ich darf das.
Ich bin in der Pubertät.

Ich habe ein T-Shirt mit der Aufschrift:

Ich bin nur verantwortlich für das, was ich sage,
nicht für das, was ihr versteht.

Manche Menschen tragen Zeichen auf ihrer Kleidung, die eine Verbindung herstellen, das Logo einer Zugehörigkeit. Man muss um die Bedeutung wissen, um das Zeichen der Sympathie, der Aussage deuten zu können.

Ich bekomme Mails und lese aufmerksam die Absender, werde aufmerksam auf Homepages wie
andersschoen
halbeherzen
kaiserinnenreich

Ich habe in der Janusz Korczak-Geschwisterbücherei nach Titeln gesucht, die in verschiedenen Bereichen neugierig machen, die mir einen Zugang zu einer Sprache einer besonderen Welt verschaffen.

- *Das Schweigen in meinem Kopf, Kim Hood, cbj Verlag, München 2014*
- *Mit Worten kann ich fliegen, Sharon M. Draper, Verlag Ueberreuter, Berlin 2014*
- *Sprache ohne Worte, Peter A. Levine, Wie unser Körper Trauma verarbeitet und uns in die innere Balance zurückführt, Verlag Kösel, München 2012*
- *Worte sind nicht meine Sprache, Roman, Chambers, Aidan, Verlag Knesebeck, München 2013*
- *Eine Handvoll Worte, Moyes, Jojo, Verlag Reinbek, Hamburg 2013*
- *Verdammte Stille, Vigand, Philippe und Stephane, München 1997*
- *Die Welt der namenlosen Dinge (Rosi, Daniela, Kunstmann, 2006*
- *Zu niemandem ein Wort, In der Welt der autistischen Zwillinge Konstantin und Kornelius, Keulen, Konstantin und Kornelius; Kosog, Simone, Verlag Piper, München-Zürich 2003* oder auch
- *Das Eichhörnchen ist zwar recht klein ... Sprichwörter aus aller Welt, Scheffler, Axel, Beltz-Verlag, Weinheim-Basel 2014*

- *Dr. Wort, Klappe zu, Affe tot – Woher unsere Redewendungen kommen, Rowohlt Verlag, Hamburg 2010*

um nur einige zu nennen.

Manch andere Buchtitel erwecken Neugier, rufen Assoziationen wach, lassen Bilder entstehen.

- *Der Klang der Fremde, Thuy, Kim, Verlag Kunstmann, München 2010*
- *Der Geschmack der Sehnsucht, Thuy, Kim, Verlag Kunstmann, München 2014*

Sie zeigen ebenso auf, wie vorsichtig, umsichtig wir sein sollten, wenn wir reagieren, zeigen, ausdrücken möchten, was wir meinen, erkannt, verstanden zu haben.
Menschen erfinden immer neue Worte, entwickeln eigene Sprachen, in der Computerwelt, unter Jugendlichen.
Ich informiere mich, um zu wissen, was gemeint ist.
Ich kann (will) diese Sprache nicht einsetzen.
Sie ist flüchtig, nicht von Dauer, hat keinen Bestand.
Jede Generation hatte ihre eigenen Worte, das wäre als solches schon eine Analyse wert.

Auch in der Welt der Menschen mit Behinderung und ihren Angehörigen sind Worte von Bedeutung.
Das Wort ‚Behinderung' soll vermieden werden.

Dafür spricht man von Menschen mit besonderen Fähigkeiten, Menschen mit Lernschwierigkeiten, Menschen mit speziellen Bedürfnissen.

In manchen Organisationen ändern sich die Begriffe ständig.

Ziel ist es, die Diskriminierung zu vermeiden, die oft noch von dem Wort ‚Behinderung' ausgeht.

(Meine Erfahrung ist, dass Vortragende und auch Inhalte von Vorträgen abgelehnt werden, wenn sie sich der Diktion nicht anpassen.)

Selbsthilfegruppen geben sich Namen, über die es sich nachzudenken lohnt.

Vieles wird neu gedacht, erfunden wie FraX (fragiles X-Syndrom) und 21 hoch 3 (Down-Syndrom).

Kennen Sie das Wort ‚U-Boot-Kinder'? Mir wurde in einer großen deutschen Stadt vermittelt, dass so die Kinder mit Beeinträchtigung in der Inklusion genannt werden, die nicht als solche erkannt werden sollen!

Abkürzungen sind eine neue, ganz eigene Sprache, auch in der Welt der Menschen mit Behinderung, Beeinträchtigung, chronischen und lebensverkürzenden Erkrankungen, zum Beispiel:

Euse (Emotionale und Soziale Entwicklung, Hamburg)

GeKi (Geschwisterkind)

FoBi (Fortbildung)

Ist das wirklich zielführend und notwendig?

Manche Menschen lehnen Abkürzungen ab. Wenn aus Geschwisterkindern GeKis werden, verwenden die einen das nur als übliche, gängige Beschreibung, andere empfinden es als Verniedlichung und fühlen sich verletzt.

Warum reagiert jeder anders?
Welche Erfahrungen, Vorurteile, Urteile spielen dabei mit?
Manches geschieht intuitiv, die Zustimmung, die Ablehnung, die Neutralität.
Nicht immer gibt es Zeit und Möglichkeit, sich darüber ausreichend auszutauschen. Wenn man immer selbst um die eigenen Gründe wissen würde! Und so führt manches Wort zu Missverständnissen, schafft Gräben, wo Brücken das Ziel sind.
Wenn man Worte aufnimmt, kommt es immer auch darauf an, in welcher Situation man sie hört, welche Ahnung man davon bekommen kann, was sie für das Gegenüber bedeuten (manchmal sind sie auch bedeutungslos, zeigen aber ein Dazugehören wie bei den T-Shirts).

Welchen Klang haben Worte? In welchem Kontext sind sie gesagt?
Was bedeuten sie daher für jeden Einzelnen?
Wie prägend, begleitend sind sie? Was braucht es an Begleitung, um sich zu lösen, das Gefesseltsein aufzulösen? Sie anders einzuordnen und mit ihnen einen neuen Weg zu gehen?
Worte sind oft an Zeiten und Erlebnisse gebunden. Manchmal gelingt es, sie aus dem Kontext zu lösen.

Manche bewahren ihre Bedeutung, andere können relativiert werden.

Ich kenne Sätze aus Geschwisterbeziehungen, die viele Folgen hatten:

- Da hast du es aber gut!
- Jetzt darfst du nicht mehr so glücklich sein!
- Freu dich nicht zu viel, deine Schwester kann das nicht mehr so gut.

Worte beschreiben Aufgaben, Aufträge, manchmal in einer bildreichen Sprache:
„Zum Leben, zum Arbeiten brauche ich beide Hände. Das Kind mit Behinderung ist der linke Arm, das Geschwisterkind der rechte Arm. Ich brauche beide, sie stützen sich gegenseitig und lernen voneinander und miteinander. Der eine Arm wird kräftiger durch den anderen."
(eine Mutter)

Ich habe nur meine Worte, meine Sprache, mein Verstehen zur Verfügung, um zu reagieren.
Manchmal kann ich etwas darstellen, manche Umwege nutzen, um es erst später in Worte fassen zu können.
In der Begleitung von Geschwistern (Menschen mit Behinderung und ihren Familien) habe ich gelernt, dass die symbolische Sprache einen Zugang eröffnen kann, Themen aufzeigen kann, für die noch keine Worte gefunden wurden.

In einer Rückmeldung zu der Frage, was der Besuch von Geschwisterseminaren in einem Menschen bewirkt hat, schreibt eine Gruppe von Teilnehmerinnen:

- Worte finden;
- alles aussprechen können;
- die Erfahrung: Ich kann verstanden werden;
- ich habe gelernt, anderen Menschen zu vertrauen und über meine Gefühle zu reden.

Ich möchte unseren Weg der Begleitung von Geschwistern vermitteln, nicht mehr, nicht weniger.
Bei jedem Versuch des Schreibens wird etwas wieder neu klar. Es ist ein Ringen mit einem Versuch, Erkennen auszudrücken, ohne verteidigen zu wollen, zu müssen etc.
Dieser Versuch spiegelt wieder, welch ungeheure Anstrengung es für Geschwister bedeutet, sich zu verständigen, ohne verletzt zu werden, verletzlicher zu werden.

Es gibt zudem Lebenssituationen, in denen es sehr schmerzlich ist, Worte für Gedanken und Gefühle zu finden. Mit Worten, meint man, werden sie Realität.
„Eigentlich will ich unsere aktuelle Situation und Gedanken selbst nicht haben und dann auch nicht noch davon schreiben." (ein Vater)

Immer wieder nehme ich mir ein Beispiel an Simon, 9 Jahre alt. Zwei Jahre hat er gebraucht, bis seine Mutter seine Botschaft so verstanden hatte, wie er es beabsichtigt hatte.

Er hat es allein geschafft.

Er hat nicht aufgegeben.

Sein Ziel war klar.

Und er hat es immer und immer wieder versucht und sein Ziel erreicht.

Mein Ziel ist auch klar. Christian, 19 Jahre, beschreibt es:

Bei der Begleitung von Geschwistern geht es natürlich darum, die Geschwister so gut wie möglich zu unterstützen. Wenn aber ein Geschwisterkind eine schwierige Situation überstanden hat, heißt das nicht, dass die Begleitung ihr Ziel erreicht hat und eingestellt werden kann. Kontinuität ist wichtig, und die Begleitung selbst das Ziel.

Meine Haltung finde ich in den Worten eines anderen wieder.

Wie, wann, wie viel – warum?

Ich ahne viele Fragen, die auf Antwort warten, Zweifel, die Aufklärung fordern.

Und ich antworte: „Ich weiß nicht."

Immer, wenn du ein Buch aus der Hand legst und beginnst, den Faden eigener Gedanken zu spinnen, hat das Buch sein angestrebtes Ziel erreicht.

Wenn du rasch umblätterst – Vorschriften und Rezepte suchst und dich ärgerst, dass es so wenige sind – wisse, falls es da Ratschläge und Hinweise gibt, entspricht das nicht dem Willen des Autors.

Ich weiß nicht und kann nicht wissen, wie mir unbekannte Eltern unter unbekannten Bedingungen ein mir unbekanntes Kind erziehen können – ich betone – können, nicht – wollen, und auch nicht – sollen.

„Ich weiß nicht", das ist in der Wissenschaft der Ur-Nebel, aus dem die sich neu formenden Gedanken auftauchen, und sie kommen der Wahrheit immer näher.

„Ich weiß nicht", das ist für den mit dem wissenschaftlichen Denken nicht vertrauten Geist eine quälende Leere.

Das schöpferische „Ich weiß nicht" des modernen Wissens vom Kind ist wunderbar, voller Lebendigkeit, voller hinreißender Überraschungen – und ich möchte lehren, es zu verstehen und zu lieben.

Ich möchte, dass man versteht, dass kein Buch, kein Arzt (kein Pädagoge, Ergänzung) den eigenen aufmerksamen Gedanken, die eigene genaue Betrachtung ersetzen können.

Aus: Wie liebt man ein Kind (Janusz Korczak)

Ich möchte lediglich neugierig machen auf die Worte und Wege von Geschwistern.

Und ich möchte vermitteln, wie, unter welchen Voraussetzungen wir auf manche Spuren des Verstehens gekommen sind.

Und dann schreibt mir Emma, 14 Jahre, nach dem Erleben eines einzigartigen Geschwisterseminars mit unterschiedlichen Generationen (6-66 Jahre):

Ich habe versucht, meiner besten Freundin die Stimmung und die Atmosphäre zu erklären und in Worte zu fassen, wieso ich mich da so wohl fühle. Als ich fertig war, meinte sie nur:

„Das muss ich jetzt nicht verstehen – oder?", und hat sich weggedreht ...

Als ich gestern versucht habe, meinen Eltern die Gemeinschaft zu erklären, meinten die beiden, dass sie das auch kennen. Aber was die beiden dann erzählt haben, war weit von dem entfernt, was ich meinte ...

Ich finde es so schade, dass diese Seminarerlebnisse so unbeschreiblich sind, dass man andere nicht daran teilhaben lassen kann.

Für mich ist das eine ganz neue Erfahrung, da Sprache für mich schon immer etwas war, womit ich mich verständlich machen konnte. Ich war schon immer sprachbegabt, gut in Deutsch, konnte früh schreiben, lesen und mich ausdrücken. Worte waren meine Möglichkeit, und jetzt ist es echt so, dass ich keine Ahnung habe, wie ich anderen die Wichtigkeit der Seminare übermitteln könnte.

Es gab natürlich auch schon früher Situationen, in denen andere mich nicht verstehen konnten und in denen ich mit Worten nicht weiterkam, aber jetzt so oft in Folge zu scheitern bei den unterschiedlichsten Leuten, finde ich echt krass. Es ist schade, zeigt aber irgendwie auch, dass die Seminare sehr intensiv, besonders und im wahrsten Sinne des Wortes unbeschreiblich sind.

Für mich ist das irgendwie ein Zeichen, dass meine Erfahrungen und Erkenntnisse der Seminare nur mir gehören *und dass die, die ich teile, nur in diesen geschlossenen und vor allem geschützten Raum gehören. Es ist zwar auch echt schön und wichtig, Erfahrungen weiterzugeben, aber es ist auch schön, etwas zu haben, das nur mir gehört!*

Kann ich auf diesem Hintergrund dennoch den Versuch wagen, die richtigen Worte zu finden?
Ich will mich nach wie vor darum bemühen.
Emma und viele Geschwister müssen es auch – jeden Tag, ein Leben lang, immer wieder neu.

Ich hatte und habe die Chance, Generationen zu begleiten.
Ich kann den Wandel erkennen und das, was Bestand hat.
Ich lerne immer wieder dazu.
Nicht nur jeder Mensch, auch jede Begegnung ist einzigartig.
Jede, jeder muss den eigenen Weg finden.
Und doch kann man voneinander, miteinander lernen.
Geschwister ist man ein Leben lang.

„Man sieht nur mit dem Herzen gut. Das Wesentliche ist für die Augen unsichtbar", schreibt Saint-Exupery.
Diese Worte verbinden Generationen und Kulturen.
Jede, jeder versteht es auf dem Hintergrund erlebter unverwechselbarer Begegnungen.

Dennoch
Trotzdem
Gerade deshalb

Diese drei Worte begleiten mich mein Leben lang und in unterschiedlichsten Situationen.

Geboren 1948, habe ich den Zweiten Weltkrieg weder miterlebt noch habe ich unter den Folgen leiden müssen, im Gegensatz zu meinem Bruder, Jahrgang 1937, der zu der Kriegsgeneration gehört, die nicht über ihre Erlebnisse spricht. Die Kindheit war geprägt von den Kriegsereignissen, und ihr Leben bleibt in manchen Reaktionen davon beeinflusst. Welch 'besondere Geschwisterbeziehung' dadurch entstanden ist, welche nicht gemeinsam durchlebte Zeiten – der Bruder mit allen Anforderungen einer Kindheit mit Verzicht in der Kriegszeit, die Schwester die Kindheit erlebend in der Nachkriegszeit mit allen Möglichkeiten der persönlichen Verwirklichung, beiden gemeinsam lange Abwesenheitszeiten des Vaters – die mit Worten nicht zu überbrücken sind in derselben Familie, geprägt auch vom gesellschaftlichen und politischen Wandel der Zeit.

Zurück aus dem Krieg, entschloss mein Vater sich, zum Aufbau der Bundesrepublik Deutschland seinen politischen Beitrag zu leisten durch die Ausübung eines Mandats im Deutschen Bundestag.

Was er im Krieg alles erlebt hatte, erfuhr ich weit später, doch erzogen wurde ich mit den Worten: „Man kann immer etwas tun, man kann immer Menschen unterstützen, auch wenn das Umfeld noch so schwierig ist, wenn man es nicht beeinflussen kann. Bleib misstrauisch allen Worten gegenüber! Prüfe genau und frage nach, was gemeint ist! Hinterfrage alles, was von dir verlangt wird!"

Mit der Zeit des Nationalsozialismus setzte und setze ich mich in meinem Leben immer wieder auseinander. Das Geschehen bleibt unvorstellbar und mit Worten nicht zu fassen. Wie konnte solches Verbrechen geschehen? Und wie kann verhindert werden, dass so etwas wieder geschieht?
Heute, 2014, sind wir umgeben von Kämpfen und Kriegen in der Welt.
Was haben wir gelernt?

Mein Vater war Soldat im Krieg, im Widerstand, und ich kannte von ihm sein Leben lang – was ihn auf vielen Ebenen, in politischen Entscheidungen und auch in der Auseinandersetzung mit der Bewältigung einer Behinderung in seinen letzten Lebensjahren noch herausfordern sollte – immer den Hinweis darauf, nicht aufzugeben, zu suchen, was möglich ist, bei Menschen zu bleiben, ohne jede Vorbehalte.
Das bedeutete konkret unter anderem sehr früh das Kennenlernen unterschiedlichster sozialer Milieus, die Begleitung von Kindern, deren Lebensumstände schwierig waren, das Teilen des eigenen Lebens mit ‚fremden' Kindern. So war ich mit dem Leben von Kindern in

Heimen schon von Kind an vertraut. Und meine behinderten vietnamesischen Brüder, die mangels Behandlungsmöglichkeiten während des Krieges in VietNam 1969 nach Deutschland kamen und mit in unserer Familie lebten, lehrten mich das Leben mit, in und zwischen zwei Kulturen, jeden Tag aufs Neue seit nun mehr als 45 Jahren.

Als Jugendliche begegnete ich dem Namen Janusz Korczak mit dem Hinweis: „Das ist ein Mensch, mit dem du dich beschäftigen solltest."
Seine Person zeigt auf, dass man immer menschlich handeln kann, selbst unter widrigsten äußeren Umständen.
Die Gedanken von Janusz Korczak, 1878-1942, lassen mich seither nicht los. Ich lese die Gedanken immer wieder im Original, setze mich mit manchen Worten, Sätzen in unterschiedlichen Zeiten meines Lebens auseinander und versuche, manches in mein Leben, unsere Arbeit zu integrieren, anzupassen.
Janusz Korczak lehrt, genau hinzusehen, zu beobachten, aufzuschreiben, nichts für unwichtig zu erachten, zu fragen, zu hinterfragen, immer wieder neue Fragen zu formulieren und immer wieder neu zu beobachten.
Er lehrt das Recht auf den heutigen Tag und fordert das Recht für das Kind, so zu sein, wie es ist, eigene Erfahrungen zu machen, Entscheidungen zu treffen (das Recht auf den eigenen Tod).

Schon mit 20 Jahren erlebte ich den VietNam-Krieg direkt im Land. Ich war dort für die Kinderhilfsorganisation ‚terre des hommes' tätig.

‚terre des hommes' – Erde der Menschheit – die Erde menschlicher machen: Welche Herausforderung!

Trotz Krieg einzelnen Kindern helfen zu können, ihnen andere Lebenschancen zu bieten, die Folgen des Krieges zu mildern, das war das Ziel von ‚terre des hommes'.

Später engagierte ich mich in einer Organisation für Straßenkinder, den jungen Menschen, die schwerste Erfahrungen hinter sich hatten, in Gefängnissen waren, sich irgendwie selbst durchbringen mussten. Hy-Vong, Hoffnung, hieß das Projekt, das ihnen die Chance geben sollte auf eine andere Zukunft, Schulbesuch, Ausbildung ermöglichen wollte, wenn sie sich freiwillig dazu entscheiden konnten.

„Mensch sein heißt Verantwortung fühlen: Sich schämen angesichts einer Not, auch wenn man offenbar keine Mitschuld an ihr hat; [...] seinen Stein beitragen im Bewusstsein, mitwirken am Bau der Welt."
(Antoine de Saint-Exupéry)

Diese Anforderung lässt mich bis heute nicht los.

Im Studium der Sozialwissenschaften, geleitet vom Interesse an Formen menschlichen Zusammenlebens, begegnete mir der Name Bruno Bettelheim (1903-1990, Psychoanalytiker, der als Jude das Konzentrationslager überlebte und ein Behandlungszentrum für autistische Kinder in den USA gründete, sein Leben selbst beendete). Mich faszinierte die Vermittlung einer Beobachtungsgabe, das Schaffen eines „sozialen und therapeutischen Milieus", um Kinder zu verstehen, deren Verhaltensweisen für ihre Familien und andere eine große Anforderung darstellten. Und die Herausforderung, die das für alle Mitarbeitenden bedeutete.

Ich lernte durch das Lesen seiner Bücher, noch genauer zu beobachten, zu analysieren, zu fragen, zu hinterfragen.

Mir begegneten auf meinem Lebensweg immer wieder Menschen mit Behinderung, eigentlich von Beginn an durch eine Verwandte, die irgendwie die Naziherrschaft überleben konnte. Die Geschichte im Detail konnte ich nie erfragen.

Ich entschloss mich, in einer Bildungsstätte der katholischen Kirche zu arbeiten, um den Bereich Bildungsangebote für Menschen mit Behinderung und deren Angehörige aufzubauen.

Ich begegnete vielen Menschen mit schweren Behinderungen und Erkrankungen, ihren Eltern und ihren Geschwistern, den unterschiedlichen Formen der Bewältigung im Zusammenleben einer Familie.

Auch in diesen 22 Jahren, in denen ich zunächst alle Möglichkeiten hatte, diesen Bereich auszubauen, Familienseminare, Geschwisterseminare, Fortbildungen, musste ich später erfahren, dass der Bereich nur mit ständigen Auseinandersetzungen, eigentlich dem Kampf um Selbstverständliches, verbunden war.

Grundsatz war immer:

Jeder kann teilnehmen, der Interesse hat. Jeder bekommt die Bedingungen, die er braucht, unabhängig von der Art der Behinderung und/oder Erkrankung, unabhängig vom Einkommen, der Zugehörigkeit zu einem Verein, zu einer Kultur oder Religion.

Später war in der Bildungsstätte die Verwirklichung dieses Grundsatzes eingeschränkt.

Der schwerst mehrfachbehinderte Mensch sollte ausgeschlossen werden von einer Teilnahme an den Bildungsangeboten.

Dazu musste ich ‚Nein' sagen.

Es war kein ‚dennoch – trotzdem – gerade deshalb' möglich, weil die Verantwortung zu groß wurde, dass ich nicht beeinflussen konnte, dass etwas passiert, was allen schadet.

Auf einem Seminar sagte ein Vater: „Warum soll ich versuchen zu beschreiben, was doch nicht in Worte zu fassen ist?"

Gemeint waren das Zusammenleben mit dem schwerstbehinderten Sohn Thomas und die Anforderungen an eine Familie mit vier Kindern.

Dieser Satz begleitet mich seither.

Ich kann mich immer nur annähern, will und möchte mir dabei alle Mühe geben.

Warum also der Versuch, ein Buch zu schreiben über Worte?

Der Begleitung von Menschen mit Behinderung und ihren Angehörigen blieb ich verpflichtet und baute Bildungsangebote in der Freiberuflichkeit wieder auf.
Es begann ein mühsamer Weg.
Die Finanzierung mancher Angebote blieb und bleibt ungesichert. Dennoch kamen und kommen bis heute immer mehr Menschen in unsere Angebote, als wir überhaupt unterbringen können.

Und seit einigen Jahren gibt es sehr viele Projekte für Geschwister, die Zielgruppe, um die es in diesem Buch speziell geht. Es wird geschrieben, gefilmt, gesendet – jede, jeder aus seinem Blickwinkel, der häufig nicht deutlich genug offen gelegt wird.

Warum dann noch ein weiteres Buch?

Die Gesellschaft erwartet schnelle Lösungen, wissenschaftlich erwiesen, Input-Output orientiert etc.
Diese Erwartungen kann ich nicht bedienen.

Dennoch – trotzdem – gerade deshalb möchte ich aufmerksam machen, auf das genaue Beobachten, Hinhören, Fragen, die Zeit, die es braucht, um so zu reagieren, dass es langfristig unterstützend sein kann.

Die Geschwister aller Generationen lehren mich bis heute, mich ihren Situationen anzunähern.

Ich befürchte, dass manche Worte, die ich im Folgenden verwende, Missverständnisse auslösen können, auf Widerstand stoßen, zum Beispiel der Gebrauch des Wortes ‚Behinderung'.

Bei aller Befürwortung des Versuchs der Gesellschaft, in allen Schulen die Inklusion einzuführen, darf nicht vergessen werden, dass dadurch besondere Herausforderungen für Geschwister entstehen.
Ich lerne die Inklusionsprobleme in vielen Beratungsgesprächen kennen. Es kann und darf nicht sein, dass Geschwister quasi zu ‚Wahrnehmungsstörungen' verpflichtet werden, weil sie nicht sehen dürfen, was sie sehen, weil Eltern von Kindern mit Behinderungen nicht wollen, dass benannt wird, was alle doch ‚wissen'.

Ich habe durch die Begegnung mit Geschwistern – aber auch durch die Begegnung mit allen Menschen mit Behinderung – den Mut zu schreiben gefunden.

Ein Vorbild ist auch Hans-Dieter Grabe, ein Dokumentarfilmer des ZDFs, dessen Arbeit mich begleitet, der beständig den Mut hatte und hat – bis zum jetzigen Zeitpunkt –, den heute geforderten schnellen Bildern Langzeitbeobachtungen ruhende Bilder mit detaillierter Schärfe entgegenzusetzen. Er widmet sich Themen von Menschen mit besonders herausforderndem Verhalten für die Gesellschaft, schwierigen und komplexen Lebensgeschichten, seine Filme beschreiben Menschen in vielen Krisengebieten der Welt (Überlebende in Deutschland, Polen, Hiroshima, VietNam).

„Man ist zeitlebens für das verantwortlich, was man sich vertraut gemacht hat."
(Antoine de Saint-Exupéry)

Die Form der Verantwortung zu finden und zu leben, bleibt zeitlebens eine Herausforderung.

Aus dem Alphabet

Geschwister teilen mit:

Auseinandersetzung
Auseinandersetzungen sind ein Teil unseres Lebens, sei es die Auseinandersetzung mit sich selbst oder mit anderen. Diesen Auseinandersetzungen kann man nicht aus dem Weg gehen. Die Geschwistergruppe ist von daher besonders, dass hier genau hingeguckt und zugehört wird, damit die Gruppe unterstützen kann. Dass hierbei die Auseinandersetzungen jedes Einzelnen ernst genommen werden und jeder dabei unterstützt wird, führt zu einem Vertrauen, das anderswo nicht entstehen kann.
(Tom, 17 Jahre)

Fragen
Geschwisterkinder haben viele Fragen. Fragen zum Leben, Fragen zur Behinderung oder Fragen zum Sinn hinter allem.
Dabei gibt es Fragen, auf die es keine Antwort gibt, und solche, die sich neu stellen, wenn eine Antwort gefunden ist. Auch wenn wir das wissen, stellen wir diese immer wieder.
Ich habe viele Fragen, die mich beschäftigen. Fragen nach dem Warum und dem Sinn. Solche Fragen können nicht beantwortet werden. Es ist frustrierend für mich, mir diese Tatsache nicht eingestehen zu können. Ich stelle weiter diese Fragen, ohne Rücksicht auf mei-

nen Verstand zu nehmen, der weiß, dass es aussichtslos ist. Denn selbst wenn ich irgendwann Antworten finden würde, würde ich mir die Fragen auf andere Weise und aus einem anderen Blickwinkel neu stellen. Ich kann also nie eine Antwort finden, mit der ich ganz zufrieden sein werde.
(Franzi, 16 Jahre)

Wir stellen uns viele Fragen. Mit der Zeit werden es immer mehr. Doch auf viele gibt es keine Antworten. Und doch müssen diese Fragen auch gestellt werden. Manche Fragen können aber gar nicht richtig in Worte gefasst werden. Trotzdem beschäftigen sie uns.
Für manche mögen unsere Fragen unnötig oder sinnlos wirken, da uns bewusst ist, dass es keine Antworten darauf gibt. Doch wir suchen trotzdem Tag für Tag weiter nach Antworten in der Hoffnung, einiges zu finden, mit dem wir zufrieden sein können oder das uns weiterbringt.
(Inga, 16 Jahre)

Gefühle
Uns beschäftigen viele unterschiedliche Gefühle. Durch das Aussprechen der eigenen Gefühle fällt es einem manchmal leichter, diese anzunehmen. Zu erfahren, dass andere ähnliche Gefühle kennen, hilft meistens auch, da man merkt, dass man damit nicht alleine ist.
(Inga, 16 Jahre)

Hoffnung

Hoffnung: Hoffnung ist ein motivierendes und Kraft gebendes Gefühl. Es ist eines der wichtigsten Dinge im Leben, da es einen nicht aufgeben lässt und sogar einen zuversichtlichen Blick in die Zukunft ermöglicht. Hoffnung ist in der Arbeit mit Geschwisterkindern eine Grundlage, da diese oft hoffnungslos sind und aufgeben wollen. Ihnen muss das Gefühl der Hoffnung wiedergegeben werden, sodass auch sie mit einem positiven Blick nach vorne schauen können.

(Hauke, 15 Jahre)

Symbole

Für mich sind Symbole immer mit Erkenntnissen, Erinnerungen verbunden. Das sind zum Beispiel besondere Erinnerungen an ein Seminar, an eine Thematik, die mich beschäftigt. Wenn ich dann nach langer Zeit eins der Symbole ansehe, habe ich daher sofort Erinnerungen an Vergangenes.

(Tom, 17 Jahre)

Vertrauen

Vertrauen macht die Begleitung und Teilnahme an Geschwisterangeboten oder an einem Gespräch zu zweit erst möglich. Es kann nicht plötzlich da sein, sondern muss erarbeitet und gepflegt werden.

Ich habe bei Geschwisterangeboten erst geprüft, ob ich der Gruppe und den Mitarbeitern vertrauen kann. Dadurch, dass meine Anliegen, Probleme und Fragen auch nach längerer Zeit noch bei allen präsent waren und nicht nach außen gedrungen sind, konnte ich volles Vertrauen aufbauen und hab dieses auch nicht verloren.

Falls das Vertrauen doch einmal gebrochen werden sollte, muss diese Erarbeitung wieder von Neuem und in bzw. mit der Gruppe beginnen, um wieder das volle Vertrauen herstellen zu können. Dies ist wichtig, denn erst wenn das volle Vertrauen vorhanden ist, kann dies bei Geschwisterangeboten und im alltäglichen Leben Kraft geben.

(Paul, 18 Jahre)

Durch das gegenseitige Vertrauen fällt es uns leichter, über die eigenen Gedanken, Sorgen, Ängste und Gefühle zu sprechen. Es ist ein großes Vertrauen darauf, dass alles ernst genommen und nichts veralbert wird.

(Inga, 16 Jahre)

Wünsche

Jedes Geschwisterkind hat eigene, ganz individuelle Wünsche. Meist sind diese nicht materiell und können nicht erfüllt werden. Das ist uns bewusst, und dennoch wollen wir diese Wünsche und Sehnsüchte haben. Das muss akzeptiert werden. Früher hätte ich mir gewünscht, dass meine Schwester gesund ist. Heute weiß ich, dass ich nicht glücklicher wäre, wenn sie anders wäre. Denn sie hat mich auf positive wie auch auf negative Weise zu dem Menschen gemacht, der ich jetzt bin. Ich wünsche mir, dass sie glücklich ist und dass ich es schaffen kann, ihr zu zeigen, wie wichtig sie

mir ist. Denn ich denke, dass das zu der Erfüllung von meinem Wunsch führt, nämlich, dass es möglich ist, dass wir wieder zusammen etwas unternehmen, ohne dass ich Angst vor einer Abweisung haben muss.
(Franzi, 16 Jahre)

Zusagen

Ich denke, viele Geschwister machen zu Hause, in der Familie, die Erfahrung, dass Zusagen, die ihnen gemacht werden (z. B. von Eltern), nicht eingehalten werden bzw. nicht eingehalten werden können, weil das behinderte Kind das nicht zulässt.

Das bringt ein behinderter Bruder, eine behinderte Schwester, denke ich, oft einfach so mit sich. Es ist für mich als Geschwisterkind (natürlich) auch völlig verständlich und nachvollziehbar, aber trotzdem oft eine Enttäuschung.

In der Begleitung von Geschwistern ist es deshalb, denke ich, wichtig, dass gemachte Zusagen auch eingehalten werden, um Enttäuschungen zu vermeiden.

Z wie Zusagen überschneidet sich im Alphabet, also mit V wie Verbindlichkeit und Verlässlichkeit
(Pauline, 20 Jahre)

Ziel

Bei der Begleitung von Geschwistern geht es natürlich darum, die Geschwister so gut wie möglich zu unterstützen. Wenn aber ein Geschwisterkind eine schwierige Situation überstanden hat, heißt das nicht, dass die Begleitung ihr Ziel erreicht hat und eingestellt werden kann. Kontinuität ist wichtig, und die Begleitung selbst das Ziel.

(Christian, 19 Jahre)

Fragt mich, wer ich bin

Geschwister melden sich zu Wort:

„Ich möchte nicht mehr erleben, dass andere meinen,
zu wissen, wer ich bin."
(Mädchen, 12 Jahre)

Wer bin ich?
Wer darf ich in euren Augen sein?
Welche Wünsche darf ich äußern?

Nachdenken von Geschwisterkindern

Ihr habt viele Worte für mich und mein Leben: Schattenkinder, Vernachlässigte, Zu-Kurz-Gekommene, In-
Der-Zweiten-Reihe-Lebende, Belastete, schwer mehr-
fachnormale Kinder (klingt eigentlich wie behindert)
und manch andere Worte mehr.

Das soll das Interesse anderer Menschen wecken.
Wer fragt mich?

Wann könnt ihr mich sehen, so wie ich sein möchte?
Welcher Zeitpunkt ist passend für mich, eure Angebote, eure Ziele, die Zeit, die ihr mir zur Verfügung stellen
wollt, könnt?

Über zur Verfügung gestellte Zeit für mich allein soll ich mich immer freuen, besonders wenn sie von meinen Eltern kommt. (Und wenn ich mich nicht so freue, wie sie sich das vorgestellt haben, bin ich undankbar. Sie hätten das früher alles nicht gehabt, und ich freue mich nicht einmal sonderlich! Muss ich denn meine Eltern beglücken?)

Meine Familie sagt, wir sind eine ganz normale Familie. So sehe ich das auch. Denn was ist daran komisch, wenn meine Familie für mich meine normale Familie ist?

Wie soll ich eigentlich sein, damit ich euren Vorstellungen entspreche?

Meine Eltern wünschen sich und sagen es immer wieder, dass ich mit allen Anliegen jederzeit zu ihnen kommen kann, dass ich ihnen alles anvertrauen kann.
Meine Lehrer schätzen mein Einfühlungsvermögen, meine soziale Sensibilität, mein Verständnis für viele besondere ungewöhnliche und für sie auch schwierige Situationen.
Sie betonen, wie froh sie sind, mich in der Klasse zu haben, und geben mir manche Aufgabe zusätzlich. Mich fragen sie oft nicht, ob ich etwas tun möchte, wozu ich bereit bin, wenn andere Hilfe brauchen. Und es ist schwer, Nein zu sagen, wenn man für eine Leistung gelobt wird.

Wenn ich mal aggressiv werde, hat das in ihren Augen mit Belastungen zu Hause zu tun.

Leider nehmen sie darauf nur wenig Rücksicht, wenn bei uns in der Familie mal wieder sehr viel los ist, was jederzeit vorkommen kann. Dann empfehlen sie mir, nur etwas für mich zu tun, Angebote zu suchen, die sich an mich richten, die mich entlasten sollen.

Wiederum andere wollen mich in Kategorien einordnen und mir sagen, was ich speziell brauche, damit ich schwierige Situationen besser aushalten kann und nicht so gestresst bin, resilienter werde.

Haben die eine Ahnung! Außenstehende meinen, ich sei ‚belastet‘.

Als wenn ich das wäre!

Einige von denen reden darüber, dass ich ‚ungerecht behandelt‘ wäre! Viele denken auch schlecht über mich. Sie verwenden Wörter wie Schattenkinder! Die kennen mich nicht einmal!

Ich frage mich manchmal: Warum ist mein Wunsch so schwer zu realisieren?

Ich möchte so beachtet werden, wie ich bin.

Zurück zu meiner Familie:

Wir sind für uns unsere normale Familie. Aber ich bin nicht normal, wenn all das normal ist, was ich so erlebe!

Ich lebe schon in einer besonderen Familie.
Mein Bruder ist anders als die Geschwister, die andere haben und die ich aus Familien von Freunden kenne.
Aber was sagt das schon aus?
Anderssein ist normal, und jeder ist verschieden. Und verschieden anders ist sogar toll. Jeder ist einzigartig.
Das ist er ja auch.

Jeder soll seinen Platz haben. Jeder ist gleich viel wert.
Das weiß ich alles.
Und meine Familie ist meine Familie. Das ist so.

Aber wenn alles normal ist, was um mich herum zu Hause ist, dann erkläre ich hiermit, dass ich nicht normal bin.
Mal sehen, was dann passiert!
Ich will, wenigstens manchmal, auch besonders sein.
Andere erzählen mir von ihren Geschwistern. Und dann?
In anderen Familien (nur nicht in denen, die ich aus der Selbsthilfegruppe von Eltern kenne, die meine Eltern gegründet haben) muss zum Beispiel nicht alle vier Stunden ein Bruder katheterisiert werden, die Eltern müssen sich um keine Sonde kümmern und Sättigungsgrade überprüfen zum Beispiel.

Und wenn ich von meiner Familie erzähle, muss ich immer genau überlegen, wem ich das sage.
Wer versteht das denn schon und bekommt nicht manchmal sogar Angst?

Manche sagen mir: Du bist wohl auch behindert, denn sie können sich einfach nicht vorstellen, dass das, was für sie ungewöhnlich ist, mein Alltag ist.

Das ist es ja: Wenn das bei uns zu Hause alles normal ist, was ist denn dann normal? Wie anders bin ich denn?
In welchen Familien werden alle Kühlschränke abgeschlossen? Bloß weil mein Bruder kein Sättigungsgefühl hat.
Der würde glatt zwei Gläser Nutella hintereinander aufessen.
Ich habe das mal ausprobiert und in kurzer Zeit zwei Gläser Nutella verspeist, ich wollte ihn verstehen – mir ist es danach sehr schlecht gegangen, ihm wird nie schlecht!

In welchen Familien steht nichts auf dem Tisch, wenn Freunde zu Besuch kommen, weil die Brüder alles abräumen würden?
Bei uns steht alles ganz oben auf dem Regal.
Wenn wir eine Tüte Gummibärchen bekommen, darf ich nur die gelben und grünen haben, weil mein Bruder nur die roten isst.

Ich könnte noch viele Beispiele erzählen, die ich von Geschwisterseminaren kenne, abgeschlossene Türen überall, keine Blumen auf dem Tisch, überall Hilfsmittel etc.

Wie soll ich all das Normale für Geschwister nur anderen erklären, für die das alles sehr gewöhnungsbedürftig ist?

Ich habe mich an so vieles gewöhnt, was meine Klassenkameraden als außergewöhnlich empfinden.

Sollte ich in meiner Klasse erzählen, dass mein Bruder erst mit zehn Jahren gelernt hat, den Löffel allein zu halten?
Oder dass mein Bruder mit 17 Jahren immer noch Windeln braucht und sie auch immer brauchen wird?

Meine Eltern müssen nicht meinen, dass ich das nicht verstehe, was sie von mir wollen. Ich mache da schon mit. Keine Sorge!
Ich mag meine Familie. Mein Bruder ist mein Bruder – auch wenn manches sehr merkwürdig ist, es ist in Ordnung so.
Doch offen darüber reden?
Ich muss ja immer überlegen, wen ich verletze, wenn ich etwas sage. Und Wünsche äußern? Da muss ich den genauen Zeitpunkt abpassen, und das ist anstrengend.
Bei uns ist nie etwas sicher.
Die Bedürfnisse meines Bruders müssen vorgehen, das ist wirklich oft lebensnotwendig, nicht immer.
Mir hilft es auch nicht, wenn mir jemand erklärend sagt, dass im Leben eben alles unsicher ist, für andere auch.
Manchmal bin ich einfach sauer.

Mein Bruder ist immer der Bestimmer, obwohl er nicht mal reden kann!

Bestimmer sein ist schon manchmal gut.
Tauschen möchte ich mit ihm dennoch nicht.
Ich bin froh, dass ich sprechen kann.

Mein Leben ist eben komplizierter als das von anderen Kindern.

Mein größter Wunsch: Alltag wie bei anderen auch!
Aber das wird es bei uns so nicht geben. Dafür sind Situationen im Zusammenleben mit meinem behinderten Bruder einfach nicht planbar.
Mein Wunsch wäre zum Beispiel, an einem Abend mit meinen Eltern chillen und ungesunde Chips essen. Das ist unmöglich zu realisieren! Mein Bruder würde das sofort merken und immer stören. Und dann geht einer meiner Eltern weg. Eigentlich ist das aber doch kein außergewöhnlicher Wunsch.

Wenn ich das jetzt so schreibe, denken viele, dass sie etwas für mich tun müssen, weil ich doch zu kurz komme. (Sie können nicht für meine Eltern mit mir fernsehen, das wäre es nicht. Auch ein Kinobesuch hilft da nicht). Das habe ICH nie gesagt. Ich benutze das Wort nur manchmal, damit alle auf mich aufmerksam werden, denn auf dieses Wort reagieren sie. Das habe ich gelernt.

Eigentlich möchte ich nur aussprechen können, was ich denke, ohne Rücksicht nehmen zu müssen auf die Gefühle anderer.

„Orientiere dich an dir selbst", sagt mein Vater.
Wie soll ich das machen?
Ich weiß doch nicht, was zu Hause bei uns Kinder so dürfen. Mein Bruder darf viel mehr als ich und wird nicht dafür bestraft. Ich muss immer die Konsequenzen tragen, auch wenn ich dasselbe mache, Zimmer nicht aufräumen, etwas nicht essen, Dinge nicht wiederfinden.
Meinem Bruder wird dabei geholfen, ich muss das selber lernen.
Hausaufgaben hat er nie auf, ich muss meine sofort machen.
Das finde ich schon ungerecht. Wann darf ich ICH sein?
Ich bin ängstlich, aber ich soll meine Angst überwinden, um gemeinsam Sachen zu machen, die meine Schwester mag. Karussell fahren zum Beispiel.
Muss ich das lernen, um meiner Mutter zu zeigen, dass ich meine Schwester akzeptiere?

In unserer Familie spielen wir manchmal verrückt. Dann dürfen wir alles, was mein Bruder macht, damit auch nicht so auffällt, wie anders er ist. Meine Eltern machen da mit.
Umgekehrt gilt das nicht.

Meine Eltern machen die Verrücktheiten nicht mit, die ich mir manchmal ausdenke.

„Er kann nicht anders", sagen dann meine Eltern, „du schon." Manches sehe ich wirklich anders, meines Erachtens kann er viel mehr, als er zeigt, aber es ist zu anstrengend, mit ihnen darüber zu diskutieren.

Manchmal würde ich gerne beim Essen rülpsen, Dinge stehen lassen, nichts aufheben, mich mal danebenbenehmen.

Wir Geschwister sollen aber unterscheiden können, wann das nicht angesagt ist.

Bekommen wir Besuch, werden wir manchmal dafür ‚angestellt', die Brüder gut zu beschäftigen, abzulenken, damit das Benehmen nicht so auffällt. Dafür bekommen wir sogar manchmal eine Belohnung!

Wenn ich meinen Bruder nachmache, meckern meine Eltern. Für ihn ist das normal, dass er mich nachmacht, für mich nicht. Wie soll ich mich da denn orientieren?

Er ist körperlich größer, ich bin kleiner. Er ist der Ältere, ich kann aber mehr.

Ich soll mich normal entwickeln, ihn nicht spüren lassen, dass er das nicht kann, nie können wird. Er soll nicht traurig werden.

Ich soll keine Schwierigkeiten machen, das ist für sie dann schwierig, dafür haben sie keine Zeit, er nimmt viel Zeit in Anspruch.

Und wenn doch, dann bin ich schwierig und er ist normal!?
Ich stehe zu meinem Bruder und werde ihn immer verteidigen.
Lieber Freunde verlieren als Geschwister verraten, sagen andere Geschwister auch.

Wir haben schon manchmal eine verkehrte Welt. Es ist meine Familie, deshalb akzeptiere ich sie und mag sie so, wie sie ist.
Aber ich möchte alles mal aussprechen dürfen, was manchmal auch schwer für mich ist, und keinen Druck bekommen.
Manchmal möchte ich auch mit anderen über meine Gedanken sprechen. Ich wünsche mir, dass meine Eltern sich dabei nicht übergangen fühlen.

Meine Eltern können immer alles, auch alles aushalten und sagen, dass wir das schon schaffen.
Ich glaube, dass es ihnen manchmal auch mit allem nicht so gut geht. Und mir und uns Geschwistern wäre besser geholfen, wenn sie das zugeben würden.
Dann geht es viel besser zusammen weiter.

Wovor haben sie Angst?
Ich kann viel mehr aushalten, als sie glauben.

Und meine Familie ist auch eine glückliche Familie.
Das kann Noahs Geschichte am besten beweisen.

Ich bin Noah, bin zehn Jahre alt und komme aus Aachen. Ich habe zwei Brüder, die beide im Rollstuhl sitzen und nicht selbstständig laufen können.

Außerdem können Jonas und Nathan, so heißen nämlich meine Brüder, nicht sprechen.

Manche Leute glauben, dass ich fast immer helfe, dabei helfe ich nur ein bisschen.

Andere denken, dass ich und meine Eltern gar keine Zeit zum Reisen haben. Dabei haben wir viel Zeit zum Reisen, denn wenn wir in den Urlaub fahren wollen, bringen wir Jonas und Nathan sozusagen in ein Hotel für behinderte Menschen, wo sie gepflegt werden.

Manche Leute glauben auch, dass in unserer Familie viel Traurigkeit ist, aber wir sind eine glückliche Familie.

Denkt bitte immer wieder daran, wer ich wirklich bin, und nicht, wer ich sein soll.

(Gehört und zusammengestellt mit Geschwistern, Kindern und Jugendlichen im Alter von 6-16 Jahren, geprüft von jugendlichen Geschwistern zwischen 14 und 18 Jahren.)

Mehr als Worte

Zur Arbeit mit Symbolen muss jede, jeder einen eigenen Zugang finden, sich einen eigenen Zugang verschaffen.

Hier werden keine Symbole beschrieben, wie es in einem therapeutischen Setting üblich ist, in dem Aussage und Bedeutung der Symbole festgelegt sind, ihnen Eigenschaften und Gefühle im Vorhinein zugeschrieben werden.

In unserer Form der Begleitung im Rahmen von Bildungsangeboten geht es um den Einsatz von Materialien, mit denen Situationen, Gedanken, Gefühle, Prozesse ausgedrückt werden können, für die noch schwer Worte zu finden sind, für etwas, was noch nicht ausgesprochen werden kann, was sich Menschen mitunter sogar zu denken verbieten, Material, das Formen des Ausdrucks, der Gestaltung anbietet, die Aussagen verdeutlichen kann.

Hier können lediglich einige Grundgedanken vermittelt, wenige Beispiele geschildert werden. Den Umgang mit Symbolen muss jede, jeder für sich selbst erproben, je nachdem, welches Material auch eigene Gedanken auslösen kann.

In der Vorstellung derer, die in der Begleitung von Menschen die Arbeit mit Symbolen anbieten, muss das Material, der Gegenstand für sich selbst eine Bedeutung haben, die aber nicht so festgelegt ist, offen genug ist, um zuzulassen, dass andere Menschen mit demselben Gegenstand völlig andere Aussagen und andere Assoziationen verbinden.

Das Einsetzen von Symbolen zur Veranschaulichung eines Themas ist für mich in der Begleitung von Geschwistern von Beginn an eine Selbstverständlichkeit gewesen.
Ich komme aus der Begleitung von Menschen mit Behinderung.
Wenn ich Menschen mit verschiedenen Behinderungen erreichen will, mit dem, was mir zur Verfügung steht – wie oft verwende ich Sprache bei einem Gegenüber, das eine ganz andere Sprache hat, setze viele Worte ein bei jemandem, der kein Wort so sprechen kann, wie ich es gewohnt bin? –, ist es eine Notwendigkeit, etwas zu finden, das eine Verbindung herstellen kann.
Das kann Musik sein, das können Gegenstände sein, über die ein Kontakt möglich ist, die sie greifen, ertasten können, die sie in Bewegung setzen können, die an Rollstühlen etc. angebracht werden können u. a. mehr.

In der Begleitung von Familien mit Kindern mit Behinderung und schweren Erkrankungen im Bildungsbereich war es immer von entscheidender Bedeutung, dass auch Menschen mit Behinderung oder Erkrankung mit ihren oft ganz anderen Möglichkeiten der Kommunikation in die Auseinandersetzung mit den Themen miteinbezogen werden. Das war (und bleibt oft) der Maßstab, den auch die Familie anlegt, um zu erreichen, dass Worte überhaupt gehört werden, angenommen werden konnten.

Die Gleichwertigkeit aller Ausdrucksformen ist Maßstab und Gebot.

Hier haben gemeinsam mit uns als Team Geschwister den Weg gezeigt.

Sie haben einen anderen Zugang zu ihren Schwestern und Brüdern. Über sie habe ich viel erfahren, auch zum Thema Sprache.

In einer Geschwistergruppe wollte ich bei der Zusammenstellung der Arbeitsgruppen die Kinder einteilen in Gruppen von Geschwistern mit sprechenden und nicht sprechenden Geschwistern mit Behinderung.

Es gelang nicht. Ich war ausschließlich umgeben von Kindern mit sprechenden Geschwistern, obwohl ich wusste, dass viele der Geschwister keine verbale Sprache zur Verfügung hatten.

Ich habe manches probiert: Geschwister von Kindern, die nicht so sprechen wie wir, Geschwister, die eine eigene Sprache haben etc.

Ich scheiterte. Ich habe irgendwann gefragt, wie ich fragen muss.

Die Antwort war deutlich. Wir verstehen unsere Geschwister immer. Sie haben eine Sprache.

„Mein Bruder spricht mit der Haut."
„Ich kann es aus den Augen ablesen."

„Wir machen etwas gemeinsam, Musik hören zum Beispiel."

Alle Familienseminare finden zu ausgewählten Themen statt.
Es gibt immer ein tagungsbegleitendes Symbol und ein Symbol, das jeder sich selber erarbeitet. Alle Symbole müssen im Zusammenhang mit dem Thema stehen und für alle Altersstufen geeignet sein, alle möglichen Formen der Kommunikation mit einschließen.

Hier wieder nur einige Beispiele zu Themen und Symbolen:
Halt – Halte mich – Halte mich aus
(Klammern, Magnete, Schlüsselbänder, Haken u. a.)
Mein Teil – dein Teil – ich bin ein Teil des Ganzen
(Puzzle, Rahmen verschiedener Art und Größe, Perlen, Perlenbänder u. a.)
Meine Gefühle – deine Gefühle
Ich bin nicht immer gleich
(Würfel, Gefühlsmasken, Bälle, Zeichnungen, Smileys u. a.)

Die Arbeit mit Symbolen vermittelt den Menschen auch, dass der Veranstalter sich im Vorfeld Gedanken gemacht hat.

Bei erwachsenen Geschwistern ist das Erstaunen deutlich, wenn zu Beginn eines Seminars im Bodenbild gleich zu erkennen ist, dass es etwas gibt, das die Erinnerung unterstützt.

Frage: „Das ist wirklich alles nur für uns? Haben Sie schon vorher an uns gedacht? Dürfen wir wirklich etwas mitnehmen?"

Jüngere Geschwister prüfen sofort mit einem Blick, ob auch genügend vorhanden ist. Die Anzahl der Symbole muss so groß sein, dass es immer mehr Teile gibt als Teilnehmende.

Jeder muss wählen können.

Eine Erklärung dafür ist, dass Geschwister gewohnt sind, zunächst das Kind mit Behinderung oder Erkrankung wählen zu lassen.

Die Tatsache allein führt schon zu einem Lebensthema. Wie kann ich zu meinem Wunsch stehen? Wann wird er berücksichtigt?

Wir erlebten auf einem längeren Geschwisterseminar, wie ein Junge sich über längere Zeit nicht traute, etwas auszusuchen, und immer erst fragte, ob ein anderer das Symbol haben wolle.

Die anderen erkannten das nach einigen Treffen. Und so kam von ihnen die Aussage und Aufforderung:

„Du nimmst auf jeden Fall das Symbol, das dir am besten gefällt als Erster und bietest es dann niemandem mehr an. Sonst bedeutet es dir ja nichts. Wir finden schon etwas. Sei nicht zu sozial, und akzeptiere endlich die Spielregeln. Du hast hier ein Recht auf das, was du haben möchtest."

Selbst der Geschwisterrat der Janusz Korczak-Ge-
schwisterbücherei, bestehend aus Jugendlichen, die
verschiedene Formen der Begleitung kennen, hat bei
der Gründung festgelegt, dass zu jedem Treffen ein
Symbol da sein sollte, das am Anfang und am Ende die
Klammer des Tages darstellt.
In meiner eigenen Auseinandersetzung mit Themen
von Seminaren ist es so, dass immer die Wahl des
Themas am Anfang steht und ich mir so viele Informationen wie möglich über die Zusammensetzung der
Gruppe beschaffe. Erst dann mache ich mich auf die
Suche nach einem entsprechenden Symbol, nach
Symbolen. Ich kann diesen Prozess inzwischen mit diesen Worten beschreiben. In der Auseinandersetzung
mit den Facetten eines Themas begegnen mir Symbole, die passen, greifen, die Menschen erreichen könnten.

Wenn ich gefragt werde, was man eigentlich können
muss, um mit dieser Möglichkeit der Umsetzung von
Themen zu arbeiten, kann ich nur einige Aspekte auf-
zählen:

- Die persönliche Auseinandersetzung mit den
  Themen der Familien, der Geschwister;
- Kenntnisse von Büchern, die das Thema beschreiben. Dazu gehören auch Bilderbücher, die
  diese Themen transportieren, übersetzen können (Beispiel: Pezzettino, Das kleine Ich bin Ich,
  u. a.);
- Kenntnis von kreativem Material;

- den Mut, Material ganz anders einzusetzen, als es gedacht ist;
- den Mut, Menschen zu fragen, was sie mit dem verbinden, was sie vorfinden bzw. sich selbst gestalten;
- eigene Gedanken als Möglichkeit der Interpretation ansprechen;
- bedenken: Welche Zusammenhänge des Denkens kann ich zulassen, welche den anderen zumuten, welche kann ich aufnehmen, die von außen hinzukommen;
- die Bereitschaft, Fragen standzuhalten und zu fragen;
- Hinweise aufnehmen, nachdenken, ausprobieren.

Ich muss mir immer meiner Verantwortung bewusst sein, was ich in welchem Rahmen mit welchem Symbol auslöse und wie ich bereit bin, mich einzustellen, einzulassen.

Ich nenne hier einmal ein Beispiel für den Einsatz eines Materials, das zunächst eigentlich keinen Bezug herstellt. Viele Kinder sammeln Radiergummis, es gibt sie in sehr verschiedenen Formen, auch zu unterschiedlichen Anlässen (Festen).
In Verbindung mit Worten von Oskar Kokoschka,
„Leben ist Zeichnen ohne Radiergummi",
kann wiederum eine Verbindung zu Auseinandersetzungen durch Fragen hergestellt werden, zum Beispiel:

Was möchtest du ändern?
Was ist zu akzeptieren, was dich oft stört?
Was würdest du anders machen wollen?
Was sollte sich bei anderen ändern (zum Thema Vorurteile gegenüber Menschen mit Behinderung, Geschwistern)?

Es wird häufig als Symbol gewählt, wenn die Auswahl besteht, und zu jeder Fragestellung entwickeln sich neue Gedanken.
In manchen Situationen eignet sich der Radiergummi sogar als Gesprächseinstieg:
Was hat sich verändert seit dem letzten Mal?
Wie waren deine Versuche, etwas zu ändern?
Was hat sich nicht verändert?
Was hat sich positiv, negativ verändert?
Was ist so schwer auszuhalten, weil du es nicht verändern kannst?

Sowohl in der Arbeit mit Gruppen als auch in Einzelgesprächen muss ich gut zuhören und beobachten, damit sich mir über die Wahl der Symbole ein Weg für ein Gespräch eröffnen kann.

Ein Kind bittet darum, immer einen Vorrat an Leuchtsymbolen zu haben.
Es malt immer wieder Labyrinthe.
Irgendwann kommt es zu der Aussage:

„Ich brauche immer etwas, das leuchtet. Mein Bruder kann nicht sehen, er kann damit nichts anfangen. Ich muss für beide sehen."
Ein anderes Kind sagt:
„Ich kann nur etwas mitnehmen, das mein Bruder nicht mag, dann kann ich es behalten."
„Ich will gefährliche Tiere. Ich muss immer kämpfen."

In der Begleitung von Geschwistern kommt hinzu, welche Bedeutung die Behinderung, Erkrankung der Geschwister haben kann, haben soll, welche Kenntnis ich mir erarbeiten kann bei Herausforderungen durch die Besonderheiten der Behinderung oder Erkrankung.
Zum Beispiel Geschwister gehörloser Kinder:
Ich kann bewusst Symbole wählen, bei denen alle mitmachen können. Das schließt das Arbeiten mit Geräuschen, Tönen möglicherweise aus.
Durch die Begleitung von Geschwistern gehörloser Kinder habe ich gelernt, dass sie gerade viele Töne, Geräusche wählen, um ihre Themen darzustellen.

Worauf muss ich zu Hause verzichten?
Womit kann ich meine Eltern, Geschwister ärgern?
Was muss ich unterwegs, in der Öffentlichkeit, leisten?

Ähnliches gilt für Geschwister von blinden und sehbehinderten Kindern.
Hier werden oftmals Symbole bevorzugt, die leuchten, etwas, das ich nur für mich haben kann, darf. Da der

andere es nicht sieht, habe ich nicht so ein schlechtes Gewissen.

Möchte ich alle Familienmitglieder erreichen, wähle ich ein Symbol, das man greifen und hören kann.
Es ist wichtig, den Geschwistern beides anzubieten, damit wir ihnen zeigen, dass wir ihre besonderen Auseinandersetzungen kennen.

Ich frage mich immer wieder:

Wie viele Gedanken muss ich mir darum machen, dass die Geschwister ihre erarbeiteten Symbole behalten dürfen? Was kann ich tun, damit sie sich trauen, sie zu behalten, auch wenn die erkrankten, behinderten Geschwister auch etwas wollen?
Meine Lösung zu diesem immerwährenden Konflikt ist die offene Frage an die teilnehmenden Geschwister, was sie mitnehmen möchten. Und die Auseinandersetzung, dass es als Mitbringsel für die Geschwister, wenn sie es denn wollen (aus ihrem Gefühl heraus für die Geschwister und Eltern) einen anderen Gegenstand gibt als den, der begleitend in dem Seminar war.
Es ist oft schmerzhaft zu erleben, was Geschwister sich nicht zu behalten erlauben, mitunter auch nicht behalten dürfen.
Das sind allerdings Auseinandersetzungen, die in den Themen der Seminare bearbeitet werden können, die Lösung muss ein jeder selbst finden.

Und wir als Begleitende müssen einen Weg finden auszuhalten, dass es nicht unsere Verantwortung ist, was mit den Symbolen passiert.

In der Arbeit mit Symbolen spielt auch eine Rolle, welche Form, welche Gruppe den Geschwistern in welchem Rahmen, in welcher Zeit angeboten wird.
In einem einmaligen Angebot an Geschwister ist es zunächst wichtig, ihnen zu zeigen, dass sie nicht allein sind.
Ich kann ihnen eine gute Erinnerung schaffen, dazu dient dann auch etwas, das sie mitnehmen.
Ich kann ihre Kompetenzen stärken für den Alltag, ihnen Techniken vermitteln des Spannungsabbaus, der Bewältigung schwieriger Situationen. Bilder sind dabei sicher hilfreich.
Ich gehe bei einem Angebot sicher immer von der Stimmung aus, die jeder Einzelne mitbringt. Die Arbeit mit Karten ist da immer ein Weg, sich zu äußern.

In unserer Arbeit ist das Erleben der Gruppe mit einer gleichen Basis wesentliches Element zur Stärkung des Selbstwertgefühls.
Die Gruppe ist für jeden Prozess in der Auseinandersetzung mit Themen von Bedeutung.

Daher ist es wichtig, dass alle Mitarbeitenden Kenntnisse über Gruppenprozesse und die Bedeutung einzelner Positionen haben oder in unserer Begleitung

(Gespräche des Teams in der Vor- und Nachbereitung, Supervision) erwerben.
Das macht Sinn bei jeder Form eines Angebots.

Wir haben Erfahrungen gesammelt mit Gruppen, von denen im Vorfeld nicht klar war, ob sich diese Konstellation von Kindern, Jugendlichen, Erwachsenen je wieder trifft.
Dabei spielt die Zeit eine Rolle:
an einem Tag;
an einem Wochenende;
ein Angebot im Kontext einer Gesamtveranstaltung (Fachtagungen, Jahrestreffen von Selbsthilfegruppen);
eine Woche;
ein Familienseminar (8 Tage);
eine Seminarreihe (6 verbindliche Treffen und ein Eltern-/Geschwisterwochenende).

Letztere ist die verbindlichste Form, die ich kenne, da die Gruppe der Geschwister und der Mitarbeitenden über eine festgelegte Zeit eine Konstante ist.
Es beginnen andere Prozesse der Auseinandersetzung und Klärung.
Es gibt andere Möglichkeiten, im Thema zu bleiben.
Erfahrungen, die dort gesammelt werden können, lassen sich auf andere zeitliche Rahmen übertragen, gerade auch in der Arbeit mit Symbolen.

Die Gruppe ist immer der Rahmen, in dem sich alles abspielt, die Kompetenz kommt aus der Gruppe, die Entscheidungsprozesse des Sicheinlassens finden in und durch die Gruppe statt.

Verbindlichkeit – Verlässlichkeit – Vertrauen

Ich habe schon so viel über diese beiden Worte ‚geschützte Räume' geschrieben, die Rahmenbedingungen auf dem Hintergrund von Überzeugung und vielen persönlichen Erfahrungen beschrieben, vom äußeren Raum bis hin zu den inneren Selbstverständlichkeiten, Umgang mit Schweigepflicht und anderes mehr.
Die Worte werden im Beschreiben von Projekten benutzt als Voraussetzung für das Arbeiten mit Geschwistern.
Was wir als Team bei manchen Tagungen erlebt haben, erstaunte uns.
Abgesehen von oft unzulänglicher Größe haben wir Räume erlebt als Durchgangsräume, Räume ohne Fenster, Parallelprogramm mit lauter Musik, nicht zu schließenden Türen, Menschen gingen ein und aus und sahen sich zwischendurch mal an, was die Kinder so machten. Wir erlebten Menschen, die die Kinder via Ipad filmten, ohne zu fragen, Ergebnisse, die noch zur Ordnung an den Wänden hingen, fotografierten. Es wurde weder gefragt, noch gab es eine Möglichkeit, Menschen zu hindern. Wir konnten lediglich Gespräche unterbrechen.

Ich weiß nicht mehr, wo ich nach Worten suchen soll, wo ich sie finden könnte, um das zu beschreiben, was ich meine für diese Begleitung an Voraussetzungen haben zu müssen.

In einer Zeit, in der in vielen Bereichen die Kommunikation offen, durchlässig ist, ist die Bitte, einen geschützten Raum zu schaffen, eine Herausforderung schon in und an sich.

So möchte ich Geschwister und deren Eltern selbst zu Wort kommen lassen. Vielleicht werden für die angesprochenen Prozesse notwendige Rahmenbedingungen so deutlicher.

Geschwister melden sich zu Wort

Geschützte Räume sind für mich besonders wichtig, da ich sie im Zusammenleben mit meiner behinderten Schwester nie hatte. In diesen Räumen muss ich mich sicher und wohlfühlen können und so ernst genommen werden, wie ich bin.
Meine Schwester akzeptierte kein ‚Nein' auf die Frage, ob sie in mein Zimmer kommen darf, falls sie diese Frage überhaupt stellte. Mein Zimmer wurde somit regelmäßig von ihr gestürmt.
Mit circa zehn Jahren überzeugte ich meine Eltern, mir einen Schlüssel für mein Zimmer zu geben, damit ich wenigstens, wenn ich dort war, meine Ruhe hatte.
Bis heute bin ich zu Hause selbst dafür verantwortlich, meine ungeschützten Räume zu schützen. Indem ich sie abschließe, gelingt es zumindest, eine Stürmung zu verhindern, aber das allein macht für mich noch keinen geschützten Raum aus.

In einem geschützten Raum sollten eigene Gedanken, Ideen und Probleme akzeptiert und vertraulich behandelt werden. Nur mit Genehmigung sollten diese auch außerhalb dieses Raumes zugänglich gemacht werden. Außerdem sollten sowohl persönliche materielle Dinge als auch nichtmaterielle Dinge – wie zum Beispiel Aussagen oder Probleme – in diesem Raum langfristig präsent sein und nicht in Vergessenheit geraten.

An den verschiedensten Orten erlebte ich das Gefühl, in einem geschützten Raum zu sein. So zum Beispiel in der Bremer Geschwistergruppe, welche ich mehrere Jahre lang besuchte, und jetzt in der Janusz Korczak-Geschwistergruppe, in der ich mit meinen Fragestellungen und Erfahrungen gut aufgehoben bin.

Paul, 17 Jahre

Was bedeutet es für mich, einen geschützten Raum zu haben, eine Anlaufstelle?

Wann brauche und nutze ich sie?

Wie sollte sie beschaffen sein, was ist wichtig – Inneres wie Äußeres?

Insgesamt ist es gar nicht so einfach, diese Fragen zu klären, da ich mich in der luxuriösen Position befinde, einen geschützten Raum zu haben, wenn ich einen brauche; seit Langem, das ist eine ziemliche Selbstverständlichkeit für mich. Also, wie erklärt man etwas Selbstverständliches?

Einen geschützten Raum, eine Anlaufstelle zu haben, wenn ich einen brauche, bedeutet für mich Sicherheit zu haben, da ich weiß, dass ich nicht allein dastehe. Oder um es deutlicher auszudrücken, nicht völlig verloren zu sein, wenn ich Probleme habe, da der geschützte Raum, also Gespräche etc., die dann stattfinden, mir Halt geben können.

Diese Sicherheit begründet sich natürlich darauf, dass der geschützte Raum, die Anlaufstelle, konstant vorhanden ist und mir immer zur Verfügung steht.

Den geschützten Raum, die Anlaufstelle, nutze ich, um persönliche, für mich wichtige Fragen zu besprechen, die mich beschäftigen und bei denen ich nach Antworten suche.

Sehr wichtig ist dabei aber, dass ich mit Rat suchen nicht meine, eine fertige Lösung für meine Probleme von meinem Gegenüber zu bekommen, die ich dann nur noch anwenden müsste – ein Rezept sozusagen.

Das würde erstens nicht funktionieren und hätte zweitens das, was ich suche, wenn ich den geschützten Raum, die Anlaufstelle in Anspruch nehme, schlicht verfehlt.

Wonach ich suche, ist, mir bei Fragen, Verhältnissen, Verknotungen, Rollen, die meine Situation, Fragestellungen betreffen, klarer zu werden und dazu ist der geschützte Raum essentiell, denn ich brauche hierfür ja Menschen, die mich und meine Situation kennen – und noch wichtiger – verstehen, die aber eben auch im Gegensatz zu meiner Familie außenstehend sind.

Ist der Raum also nicht geschützt, da zum Beispiel Informationen aus vertraulichen Gesprächen ohne mein Wissen an Eltern und Geschwister weitergegeben werden, bräuchte ich, salopp gesagt, gar nicht erst zu kommen.

Wie schon gesagt, ist für mich ganz essentiell bei einer Anlaufstelle, dass ich verstanden werde.

Wie soll ich mit jemandem tiefschürfende Dinge besprechen, wenn er gar nicht versteht, wie sich Verhältnisse mit Rollen zum Beispiel in der Familie zueinander gestalten und ineinander greifen.

Pauline, 19 Jahre

Es ist für mich wichtig, einen geschützten Raum zu haben, in dem man über alles reden kann, wenn man Probleme mit den Eltern oder dem Geschwisterkind hat. So ein Raum wäre beispielsweise die Geschwisterbücherei, wo ich mit Marlies schon öfter über Probleme mit meiner Familie gesprochen habe. In der Geschwisterbücherei steht außerdem sehr viel Lektüre zu verschiedenen Bereichen von Menschen mit Geschwistern mit Behinderung in verschiedenen Lebenslagen zur Verfügung, was für mich äußerst ansprechend war. Zudem ist der Raum auch sehr schön, um sich mit anderen zu unterhalten, da es ein komfortables Sofa gibt, was einen zum Miteinanderreden anregt.

Die Bücher sollten je nach Lebenslage geordnet werden, damit man einen guten Überblick erhält und schnellen Zugriff hat.

Unterhaltungen mit anderen Geschwisterkindern haben mir auch sehr gut geholfen, mit meinem Bruder gut klarzukommen, was eine starke Verbesserung zu der Situation davor war. Außerdem fühlte ich mich in der Nähe von anderen, die nahezu die gleiche Situation hatten, geborgen.

Der Raum ist sehr dicht, da ein gutes Vertrauen zu den anderen Geschwisterkindern besteht, da wir meist persönliche Sachen einander erzählen.

Ohne das würde auch kein geschützter Raum entstehen, da man auch etwas bemängeln / beichten kann, was man den Eltern nie erzählt hätte.

Max, 15 Jahre

Was bedeutet es für mich, einen geschützten Raum zu haben?

Reden kann man überall. Doch wirklich über alles? Nein! Dafür braucht man geschützte Räume. Allein zu wissen, dass es diesen geschützten Raum gibt, bringt mir viel Erleichterung. Ich weiß, dass alles erzählt werden kann. Nie kommt von den anderen ein blöder Kommentar. Immer wird man ernst genommen. Unabhängig vom Alter. Keine der Sorgen, Ängste, Gedanken oder Probleme werden runtergespielt oder veralbert.

Meistens reicht es schon, dass es jemanden gibt, der zuhört und einen versteht. Aber auch einmal eine andere Sichtweise bzw. einen anderen Blickwinkel oder eine neue Idee zu hören, ist hilfreich. Diese Vertrautheit ermöglicht mir etwas an- bzw. auszusprechen, was ich mich manchmal nicht einmal trauen würde zu denken, da ich mir gleich dumm vorkomme. Aber auch wenn andere ihre Gedanken und Gefühle mit einem teilen, kommen die eigenen in Gang. Dadurch hat man die Chance, aus einer festgefahrenen Situation herauszukommen. Außerdem ist es schön, dass man anderen dadurch helfen kann, indem man ihnen zuhört. Meistens kann man ja nichts anderes machen, da es keine Lösung gibt. Doch dadurch, dass man sich alles angehört hat, geht es dem anderen oft schon ein bisschen besser, da die Sache ausgesprochen ist. Egal, worum es ging, keiner wird danach für dumm oder verrückt gehalten.

Das Wichtigste dabei ist die Gewissheit darüber, dass nichts aus der Gruppe nach außen getragen wird, wenn man nicht zugestimmt hat. Nicht von den anderen Kindern und Jugendlichen und auch nicht von den Erwachsenen. Dieses gegenseitige Vertrauen ist der wichtigste Teil, um einen geschützten Raum aufzubauen bzw. zu erhalten.

Um Dinge zu verdeutlichen, wird in den Geschwisterseminaren viel mit Symbolen gearbeitet.

Was und wie viel man dann dazu an Außenstehende weitergibt, entscheidet jeder für sich.

Ich habe diese geschützten Räume erstmals mit fünf Jahren kennengelernt, als ich mein erstes Geschwisterseminar besucht habe. Seitdem habe ich sie immer wieder schätzen gelernt.

In den Geschwisterseminaren treffen wir uns als Geschwister von Kindern mit Behinderung. Es findet viel Austausch über die eigenen Gedanken und Meinungen statt. Jedem wird zugehört. Durch die verschiedenen

Gruppen- bzw. Einzelarbeiten, in verschiedenen Zusammensetzungen (Alter, Behinderung der Geschwister, Geschlecht usw.) und zu verschiedenen Themen (zum Beispiel: In welchen Situationen suche ich Halt?, welche Vorurteile über Geschwisterkinder stimmen und welche nicht?) beschäftigt man sich viel mit sich selbst und versteht dadurch manchmal, warum man so ist, wie man ist.

Diese geschützten Räume ziehen sich wie ein roter Faden durch mein Leben.

Durch die Gewissheit, dass es sie gibt, habe ich immer wieder die nötige Kraft, um nicht aufzugeben und weiter nach Lösungen für die Probleme und Antworten auf schwierige Fragen zu suchen.

Es sind auch immer wieder die Versuche, etwas in Worte zu fassen, wofür es keine Worte gibt. Wie viele Gefühle und Ängste gibt es, für die es nicht die passenden Worte gibt. Und doch versucht man es immer wieder. Was allein diese Versuche aber bewirken, ist unglaublich. Die ständige Auseinandersetzung mit sich und seiner Lebenssituation hilft dabei, sich selbst so zu akzeptieren, wie man ist, sich selbst mit allen Gedanken, Gefühlen und Seiten.

Inga, 16 Jahre

Was bedeutet es für mich, einen geschützten Raum zu haben?

Ich habe keinen geschützten Raum an einem festen Standort, sondern den Rahmen der Geschwisterseminare, die mir immer wieder neue geschützte Räume geben.

Bei diesen einwöchigen Seminaren, aber auch eintägigen Treffen lerne ich meine Probleme auszudrücken, da es mir dort möglich wird, diese auszusprechen, ohne Angst davor haben zu müssen, deswegen ausgelacht zu werden, wie es vielleicht unter Schulfreunden der Fall wäre.

Die Seminare werden von Marlies und ihren Mitarbeitern und Mitarbeiterinnen immer zu einem bestimmten Thema vorbereitet wie zum Beispiel: ‚Ich bin nicht immer gleich', ‚Meine Interessen, deine Interessen, unsere Interessen' oder ‚Wir – die anderen und ich; ich – wir und die anderen; die anderen – wir und ich'. Zu diesen verschieden Themen liegen dann im Seminarraum immer Bücher bereit. Aber auch Bücher zum Thema Behinderungen allgemein oder zu Sinnfragen des Lebens sowie Geschwisterbeziehungen sind vorhanden. Die Bücher sind für Teilnehmer jeden Alters passend und so für alle immer sehr ansprechend. Ich persönliche finde die Auswahl der Bücher immer sehr gut und habe selber schon in verschiedensten Lebenssituationen aus diesen gelernt.

Im Verlauf jeden Seminars spielen auch Symbole eine große Rolle. Diese machen es mir noch leichter, meine Gedanken auszudrücken, auch ohne diese in Worte fassen zu müssen. Manchmal bekommen wir alle ein gemeinsames Symbol, dass uns verbindet, mal sucht sich jeder sein eigenes, wie zum Beispiel bei der Auswahl von Karten. Die Sprüche aber auch Bilder auf diesen können meine Gefühle widerspiegeln; und so ist es mir möglich, nach außen zu zeigen, wie es mir geht.

Meine Aussagen bei Seminaren muss ich nicht erklären, da die anderen Geschwisterkinder die Situation oft kennen und mir somit bei meiner Suche nach Antworten helfen können. Ich kann dort meine Gefühle und Gedanken frei äußern und brauche keine Angst davor haben, falsch verstanden zu werden, da mir genügend Zeit dafür gegeben wird, meine Fragen zu formulieren. Die Geschwisterseminare sind Orte, an denen es möglich ist zu vertrauen, da ich mir sicher sein kann, dass nichts von dem, was ich geäußert habe, nach außen gelangt. Denn das ist es, was für mich einen geschützten Raum ausmacht.

(Bevor ich 2009 mein erstes Geschwisterseminar besucht habe, kannte ich keinen geschützten Raum, bei dem ich mir sicher war, dass ich in meinen Aussagen ernst genommen werde und mir geholfen wird.)

Franziska, 16 Jahre

Ein geschützter Raum und seine Bedeutung für mich
Ein geschützter Raum ist für mich die einzige Möglichkeit, mit anderen offen über meine Situation als Geschwisterkind zu reden, da ich mir nur hier sicher sein kann, dass ich verstanden und akzeptiert werde. Auch wenn geschützte Räume nichts an der grundlegenden Situation ändern können, kann es schon helfen, sich mit anderen Jugendlichen mit ähnlichen Problemen zu verständigen. Das stärkt nicht nur das Selbstvertrauen,

sondern wirkt auf mich auch erleichternd, da ich endlich meine Probleme mit jemandem teilen kann. Weil alle Jugendlichen vergleichbare Erfahrungen zu Hause gemacht haben, kann ich mich mit anderen gut über meine und ihre Probleme als Geschwisterkinder unterhalten, und so können wir gemeinsam Möglichkeiten finden, wie ich und wir diese Probleme lösen können, welche ich oder sie alleine nicht bewältigen können.

Die Personen, mit denen ich in einem geschützten Raum rede, müssen mich verstehen und akzeptieren. Diese Personen dürfen nichts, was in einem geschützten Raum gesagt wurde, ohne mein Einverständnis an Dritte weitergeben. Sie dürfen auch nicht über meine Situation lachen oder mich nicht ernst nehmen.

Da das viele Anforderungen sind, bin ich umso dankbarer, dass ich mehrere solche Räume habe: Als Erstes natürlich den Geschwisterrat, in dem wir alle Geschwisterkinder sind und uns deshalb gut untereinander austauschen können. Ich bin seit Herbst letzten Jahres im Geschwisterrat und als geschützter Raum dient uns die Janusz Korczac-Geschwisterbücherei.

Auch das Geschwisterseminar in Hustedt, das jedes Jahr in den Osterferien stattfindet und an dem ich bis jetzt dreimal teilgenommen habe, ist für mich ein geschützter Raum, in dem ich frei über meine Probleme reden kann.

Aber auch kleinere Seminare, wie zum Beispiel ein eintägiges Seminar in Hannover, das ich schon zweimal besucht habe, dient als eine Möglichkeit, sich mit anderen auszutauschen.

Meiner Meinung nach sollte jedes Geschwisterkind, das nicht im Rahmen der Familie offen über seine Probleme reden kann oder möchte, mindestens einen geschützten Raum haben, um über die Situation zu reden. Das mag keine Wechsel in der Familiensituation hervorrufen, aber es hilft, mit der Situation zu leben.

Hauke, 15 Jahre

Geschützte Räume zu haben, bedeutet für mich, einen Ort der Sicherheit zu haben. Einen Ort, an dem man sich mit seinen Anliegen auch mal in den Mittelpunkt stellen darf, aber nicht muss.

Es geht hierbei darum, einen geschützten Raum sowohl wörtlich als auch bildlich zu haben. Man kann nicht über sehr private Themen an einem öffentlichen Ort sprechen. Genauso braucht es aber auch die Bezugspersonen, denen man vertraut und die einem zuhören. Erst dieses Zusammenspiel ermöglicht es, an tiefgehenden Fragen zu arbeiten.

Für mich war dies viele Jahre lang bei der Bremer Geschwistergruppe der Fall. Mir wurde einfach zugehört, wenn ich etwas erzählen wollte. Die Geschwister und Mitarbeiter haben immer versucht, mich zu verstehen und mir in meiner Situation zu helfen und Ratschläge zu geben. Dabei war dieses Gehör, das ich in der Gruppe gefunden habe, die größte Hilfe, die ich empfangen habe. Die Möglichkeit, mit anderen Geschwistern über die Situation in der Familie zu sprechen, ohne Angst haben zu müssen, dass alles direkt weitergeleitet wird, war sehr befreiend und hat mir dabei geholfen, die verschiedenen Fragestellungen, die sich im Zusammenleben mit meinem Bruder gestellt haben, auch aus anderen Blickwinkeln zu sehen. Nun finde ich meinen geschützten Raum in der Janusz Korczak-Geschwisterbücherei und dem Geschwisterrat. Wenn sich mir Fragestellungen auftun, an denen ich verzweifle, ist dies die erste Anlaufstelle. Auch die Seminare wären ohne geschützte Räume nicht möglich. Hierbei kommt hinzu, dass auf den Seminaren das nötige Vertrauen sehr viel schneller wächst, da man die anderen Geschwister und die Mitarbeiter sehr viel schneller kennenlernt.

Für mich sind geschützte Räume unabdingbar. Mir wäre es nicht möglich, über Dinge, die mich beschäftigen, in der Öffentlichkeit zu sprechen, bevor ich mich mit diesen in einem geschützten Raum auseinandersetzen konnte.

Tom, 17 Jahre

Die Familie von Tom, Familie Kettler, Petra, Gero und Christian Kettler, besuchen seit Toms 4. Lebensjahr Seminare für Eltern von Kindern mit Behinderungen, chronischen und lebensverkürzenden Erkrankungen.

Seit seinem 6. Lebensjahr nimmt Tom an Geschwisterseminaren, Seminarreihen für Geschwister teil, seit 2012 ist er Mitglied im Geschwisterrat.

Persönliche Beratungsgespräche nimmt er in wechselnder Häufigkeit in Anspruch.

Im Februar dieses Jahres starb sein Bruder Christian mit 21 Jahren.

Gero Kettler schreibt:
Seitdem wir für Christian die Diagnose lebensverkürzende Erkrankung erhalten hatten, war uns sehr bewusst, dass auch Tom wie wir alle davon betroffen sein würde. Obwohl mehr als vier Jahre jünger als sein Bruder, würde er sehr viel gegen seine Eltern erkämpfen müssen, wie ein Ältester. Verbünden gegen die Eltern konnte er sich mit Christian nicht. Im Gegenteil, oft war Rücksichtnahme angesagt, die er wie ein ‚gutes' Geschwisterkind auch akzeptiert hat. Äußerlich hat ihm sicher wenig bis gar nichts gefehlt. Er hat vieles gemacht, was auch andere ohne erkranktes Geschwisterkind konnten, teilweise auch mehr, sicher auch aus unserem Bestreben, ihn nicht zu wenig zu beachten. Heute denke ich, dass Tom innerlich oft sehr allein war. Was ihn wirklich bedrückt hat, konnte oder wollte er mit uns nicht teilen. Das hat ihn oft sehr wütend gemacht, sehr hilflos. Und traurig, auch darüber, dass letztlich auch Freunde seine Situation nicht verstehen können. Über die Jahre hat er in den Geschwistergruppen dafür Strategien entwickelt und Kinder und Jugendliche mit zumindest ähnlichen Erfahrungen getroffen. Mit Christians Tod ist ihm sein Alleinsein wieder sehr schmerzlich bewusst geworden. Er hat sich sehr zurückgezogen. Ich hatte große Angst, dass dieser Rückzug andauern würde. Dass ich nicht würde verhindern können, auch den zweiten Sohn auf andere

Art zu verlieren. Diese Angst ist in den letzten Wochen kleiner geworden. Zu seinem und unserem großen Glück war Tom noch wenige Tage vor Christians Tod bei Marlies und konnte mit ihr über seine Gefühle und Ängste sprechen. Daran hat er sich in der schlimmsten Zeit erinnert. Gerade in der Zeit, in der er zu seinem Umfeld, den Freunden, der Schule und uns sehr auf Distanz ging, hat er doch nicht ganz dichtgemacht. Angebote der Geschwisterarbeit von Marlies, teils in den Gruppen, teils in Einzelgesprächen, hat er weiter angenommen. Das hat mir Hoffnung gegeben, dass er sich mitteilen, dass er in seiner Trauer gehört und angenommen werden will, auch wenn diese anders ist oder sich äußert, als unsere Trauer. Die Geschwisterarbeit war seine Rettungsinsel, als wir es für ihn nicht sein konnten. Schwankend zwar, aber doch verlässlich über Wasser haltend, wenn er nicht loslassen würde. Das hat er nicht getan. Derzeit gehen wir sehr achtsam miteinander um, sind offen und versuchen, uns zu stützen. Wir streiten wieder über die üblichen Dinge mit einem 17-Jährigen. Das beruhigt mich.

Petra Kettler
Ergänzend zu Gero möchte ich sagen, mir war es immer wichtig, dass Tom einen Raum hat, sich auszusprechen, ohne Rücksicht auf uns zu nehmen. Kinder wollen Eltern auch oft schützen bzw. sie nicht traurig machen. Nach Christians Tod ist das nochmal verstärkt. In der ersten Zeit sind wir drei in unserer Trauer sehr eng zusammengerückt. Jetzt durchleben wir

wechselnde Trauerphasen, die nicht zeitgleich sind. Während einer traurig ist, ist der andere vielleicht gerade wütend. Mir ist gerade sehr bewusst, dass ich Tom jetzt wenig Halt geben kann, weil ich mit meiner eigenen Trauer so sehr beschäftigt bin. Da tröstet und entlastet es mich, dass er einen geschützten Raum hat und Menschen, die ihn stützen.

Mich hat am meisten beeindruckt, wie klar er reflektierte, dass er ein Gespräch brauchte, um über seine Angst vor Christians Sterben zu sprechen. Er hat Versuche unternommen, mit Freundinnen und Freunden über seine Trauer zu sprechen, und musste feststellen, dass er dort nicht die Tiefe findet. Eine Freundin hat einen schwerbehinderten Bruder und nicht akut, aber latent Angst, er könne sterben. Bei einem Freund ist ein Bruder als Baby gestorben. Bei diesen beiden findet er Ansätze des Verstehens. Die Tiefe der Aufarbeitung, wie er sie im Geschwisterrat findet, kann das aber nicht bieten. Im Geschwisterrat und auf Geschwisterseminaren kommt er in einen Austausch, der begleitet ist. Durch die teilweise jahrelange Begleitung bei den Kindern und Jugendlichen ist der Umgang mit Problemen und anderen Sachverhalten von einer ganz anderen Intensität.

Seminarerfahrungen
Wir haben mal versucht, unsere Erfahrungen zusammenzufassen. Ausgangspunkt unserer Erfahrungen mit unseren beiden Jungs ist, dass unser behinderter Sohn sehr oft im Vordergrund steht und aufgrund des-

sen sein Bruder häufig zurückstecken musste. Uns wurde immer wieder klar, dass wir eine besondere Sorge um das behinderte Kind haben, damit wurden wir dem Geschwisterkind aber nicht gerecht. Mit der Zeit entstand auch eine Unsicherheit, ob einige Verhaltensweisen des Geschwisterkindes Hinweise darauf waren, dass er – das nicht behinderte Kind – sich nicht frei entwickeln kann. Er sollte auch die Möglichkeit haben, sich un(be)gehindert zu erleben und seine Bedürfnisse erfüllt zu bekommen bzw. sich selbst erfüllen zu können.

Uns ist es auch wichtig, dass seine Erfahrungen aus dem geschützten Raum (Geschwisterseminar, Geschwisterrat) wiederum in die eigene Familie einfließen, damit seine Bedürfnisse zukünftig besser berücksichtigt werden können. Deshalb ist für uns das Familienseminar eine wichtige, logische Konsequenz, um diese Entwicklung für uns alle weiterzuführen und zu vertiefen.

Wir halten einen geschützten Raum für Geschwisterkinder deshalb für notwendig, weil sie da von Sorgen und Befürchtungen erzählen können, die die Eltern und/oder das behinderte Geschwisterkind eventuell noch mehr belasten könnten. Sie lernen Kinder/Jugendliche in der gleichen Situation kennen und zwar so intensiv wie sonst kaum jemanden, z. T. auch Freunde nicht. Dabei entsteht wohl auch ein sehr großes Vertrauen der Kinder/Jugendlichen untereinander. Sie müssen sich gegenseitig nicht viel über ihre Situation erzählen, sie verstehen einfach, wovon der andere spricht. Bei unserem Sohn, dem Geschwisterkind, geht fast nichts spontan und voller Begeisterung, vieles ist schwierig umzusetzen, ständig muss Rücksicht auf Bruder/Vater genommen werden. Andere Freunde/ Klassenkameraden etc. ohne behinderte Geschwister können ihre Situation, in der sie aufwachsen, gar nicht nachvollziehen. Die Geschwisterkinder werden in dem geschützten Raum so vertraut miteinander, wie das sonst wahrscheinlich nur in einer Familie möglich ist, und diese Vertrautheit ist wiederum notwendig, um sich zu trauen, eigene Gefühle/Bedürfnisse wahrzunehmen und sich dann damit auseinanderzusetzen.

Es entstehen auch Bindungen, die uns sehr tragfähig erscheinen, da ja auch sehr tiefe Gefühle, wie z. B. Trauer, miteinander geteilt werden. Insgesamt finden Konfrontationen mit sehr intensiven Gefühlen statt, für die der geschützte Raum notwendig ist, um die Reaktionen darauf auch auffangen zu können.

In diesem Zusammenhang erleben wir dich als diejenige, die beobachtet, widerspiegelt (Selbstreflexion ermöglicht), in Worte fasst, Anstöße gibt, Unverständliches für die Kinder/Jugendlichen in sinnstiftende Zusammenhänge stellt, „neue Geschwister", vielleicht sogar eine „neue Geschwister-Familie" oder halt „Geschwisterbande" schafft. Wir sind überzeugt, dass es nur in dem geschützten Raum, den ihr mit eurem Angebot, eurer Art schafft, möglich ist, dass die Geschwisterkinder sich öffnen und sich anvertrauen!

Eltern (der Vater lebt mit einer Erkrankung)

Geschwisterseminare

Wir haben drei Söhne, von denen zwei schwer mehrfach behindert sind. Unser jüngster Sohn Noah ist nicht behindert und jetzt 10 Jahre alt. Er geht, seit er 6 Jahre alt, ist zu den Geschwisterseminaren. Er freut sich immer sehr darauf. Für ihn ist es wichtig, einen Raum zu haben, in dem er mit anderen Geschwisterkindern über seine Gedanken und Gefühle sprechen kann. Er braucht nicht Seminare zur Ablenkung oder nur zum Spaß haben, die hat er auch mit seinen Freunden oder bei seinen Hobbys Fußball, Gitarre und Tennis.

Für ihn und auch für uns ist das Wichtigste an den Seminaren, dass er dort zu Ruhe und zu sich selbst kommt, unsere Situation in der Familie überdenken kann, mit anderen Kindern, die gleich betroffen sind, darüber spricht und in den Austausch geht. In diesen Geschwisterseminaren machen Marlies Winkelheide und ihr Team es möglich, dass unser Sohn, der nicht gerne Aufsätze schreibt, seine Gedanken aufschreiben kann. Deshalb finde ich es auch so toll, dass das Geschwisterseminar 5 Tage dauert. In dieser Zeit können die Kinder sich mithilfe des hervorragenden Teams öffnen, und neue Wege entstehen.

Für Noah ist es schwer, seine Gedanken und Ängste, die er sich über seine Brüder macht bzw. hat, mit uns auszutauschen. Er erlebt uns in unserem Alltag, Eltern, die auch sehr viele Ängste haben über aktuelle Erkrankungen von Jonas und speziell Nathan, unserem mittleren Sohn, der zudem an einer schweren, nicht einstellbaren Epilepsie leidet. Jonas und Nathan können sich nicht mehr äußern, Nathan muss zudem künstlich ernährt werden, alle Bedürfnisse, die sie haben, müssen wir als Familie erkennen. Die beiden nehmen ihren jüngeren, gesunden Bruder auch wahr, er wirkt sehr belebend auf sie, wenn er mit seinen Freunden zu Hause spielt.

Mit den Freunden kann er sich zwar über seine Situation austauschen, aber im Kinder- und Schulalltag findet ein solcher Austausch wenig Ruhe und Raum, und manchmal auch wenig Verständnis. Es ist schwer, anderen Menschen zu beschreiben, wie unser Alltag aussieht, und wie viel Spaß wir auch trotz dieser Situation haben können. Bei den Geschwisterseminaren, die er besucht, oder bei den Familienseminaren, an denen die ganze Familie teilnimmt, kann er sich mit gleichgesinnten Kindern austauschen. Alle Kinder haben bei den Seminaren eines gemeinsam: Sie haben alle behinderte Geschwister, Eltern, die sich Gedanken darüber machen, dass sie einen Platz brauchen, um ihre Gedanken und Probleme zu besprechen, und eine Referentin und Mitarbeiter, denen sie voll vertrauen können, bei denen sie Gehör finden. Wie stark dieses Vertrauen der Geschwister zu Frau Winkelheide und ihrem Team ist, erleben wir in den Familienseminaren und bei der Reflexion unserer Kinder nach einem solchen Seminar.

Noah hat bereits im Alter von sechs Jahren allein an seinem ersten Seminar teilgenommen und war so begeistert, dass er regelmäßig weiter daran teilnehmen wollte. Er hat dort einige Freunde kennengelernt, die er nur wenige Male im Jahr treffen kann, und dennoch sind diese Begegnungen so intensiv, dass sich die Vertrautheit immer sofort wieder einstellt, wenn sie sich begegnen.

Uns fällt es nicht leicht, uns mit ihm über die schwere Erkrankung auszusprechen, und schon gar nicht darüber, dass Jonas und Nathan nicht alt werden. Wir spüren schon, dass ihm bewusst ist, wie viele Sorgen wir uns auch um ihn machen, diese Sensibilität ist auch etwas, was er und wir auf den Seminaren gelernt haben.

Christina und Stephan Achtstätter

WORTE, die am häufigsten verwendet werden in den Darstellungen von Geschwistern und Eltern

Sicherheit
ernst genommen werden
Vertraulichkeit
keine Angst haben müssen
Anlaufstelle
eigene Gedanken entwickeln können
lernen, Probleme auszudrücken
Erleichterung
Gewissheit (nichts nach außen tragen)
Gegenseitiges Vertrauen
zuhören
verstehen
nicht erklären müssen
Offenheit
Akzeptanz
Stärkung
Selbstvertrauen
Konstanz (dauerhaft)
eigene Anliegen im Mittelpunkt
Halt

Symbole, die Geschichten erzählen

Wenn ich in Seminaren mit Geschwistern mit Symbolen arbeite, setze ich Dinge ein, kommuniziere ich über Symbole, komme dadurch zu den Themen, die die Menschen mitbringen, ausdrücken und aussprechen möchten. In den Gesprächen, in den Begegnungen spüre ich, dass die Symbole sozusagen ein Transportmittel sind, um sich dem anzunähern, was oft so schwierig auszusprechen erscheint, nicht mal gedacht werden will.

Symbole öffnen Menschen für Worte, die ihnen Klarheit bringen können.

Am Ende eines Seminars, am Ende einer Seminarreihe werden die Dinge von den TeilnehmerInnen eingepackt, und eigentlich erfahre ich nicht, was dann damit geschieht.

Ich muss es auch nicht wissen, es ist nicht notwendig, es ist in den Besitz des Adressaten übergegangen. Ob ein Symbol sozusagen angekommen ist mit seinen Formen der Ausdrucksmöglichkeiten, angenommen wurde als Möglichkeit zu Gesprächen, habe ich im Prozess der Auseinandersetzungen erspüren können.

Und dennoch war ich zum Zeitpunkt der Gedanken zu diesem Buch neugierig, was TeilnehmerInnen damit gemacht haben, ob der symbolische Charakter eines Gegenstands Eingang in den Alltag finden konnte.

Ich habe unterschiedliche TeilnehmerInnen gefragt, was sie mit den Symbolen gemacht haben, sie um Fotos gebeten.

Ich war überwältigt von den Ergebnissen.

Ich bin bewegt von den Aussagen, die ich dazu bekam.

Mich beeindrucken die Aufbewahrungsorte.

Dass das Arbeiten mit diesen Symbolen, die jedem freistellen, sie für sich zu interpretieren, eine gute Möglichkeit ist zu verstehen, sich zu verständigen, das war mir bewusst.

Wie viel Bedeutung manche Symbole haben können, was eine Sammlung von Symbolen für den Einzelnen an Gewicht hat, ahne ich neu.

Sicher gibt es angesichts der kommenden Worte und Fotos eine Innen- und eine Außensicht.

Es stellen sich manche Fragen: Warum so viele Symbole? Kann es auch ein Zuviel an Symbolen geben? Antworten auf diese und andere Fragen lassen sich in den Texten finden.

Hier nur einige Beispiele:

Als ich Christian gefragt habe, ob er mir ein Foto seiner Symbole schicken kann, und er antwortete, dass er das wohl in der Woche noch schaffen würde, habe ich nicht im Geringsten geahnt, welches Foto ich bekommen sollte.

Christan hat zehn Jahre lang Seminarreihen besucht, gehört jetzt dem Geschwisterrat an. Zusätzliche Gespräche holt er sich dann, wenn er den Bedarf dazu in sich verspürt.

Die Frage, warum er so lange Angebote in Anspruch genommen hat und nimmt, auch die Frage, ob er anderen einen Platz weggenommen hat, die sich neu anmeldeten, hat sich nie gestellt.

Christian hat das Ende seiner Teilnahme an dieser Form der Begleitung selbst bestimmt.

Er hatte immer seinen Platz, er hat stets mit dafür gesorgt und verpflichtet sich heute noch dazu, anderen einen Platz zu schaffen, Übergänge zu erleichtern (siehe Text Begleitung).

Symbole

Über die Jahre haben sich bei mir eine Menge Symbole aus der Geschwisterarbeit angesammelt. Ich kann nichts davon wegwerfen, denn sie erzählen mir eine Geschichte. Meine Geschichte, in gewisser Weise. Jedes dieser Symbole habe ich schließlich mit Grund ausgewählt oder bekommen. Sie erinnern mich an Etappen meines Lebens, an meine Vorlieben, Interessen und Launen, aber auch an Probleme und schwierige Phasen, die ich bewältigen musste.

Dass ich Katzen mag, ist mit meinen Symbolen vor Augen nicht zu leugnen. Wenn ich mir eine Karte aussuche, darf eine Katze darauf in der Regel nicht fehlen, das hat sich auch nach 13 Jahren nicht geändert.

Aber die Symbole helfen, wie gesagt, auch bei ernsten Themen. Die Familienfiguren, seien es nun die Stoffpuppen oder die Gummimännchen, können schwierige Situationen zu Hause veranschaulichen und haben auch mir geholfen, damit umzugehen. Als meine Schwester ins Pflegeheim gezogen ist, hat es mir zum Beispiel geholfen, die neue Familiensituation in der Gruppe zu erklären. Dabei konnte ich die Veränderung auch für mich selbst verarbeiten.

Die Geschwistergruppe hat mich gefühlt durch mein gesamtes bisheriges Leben begleitet, und die Symbole sind die Zeittafel.

(Christian, 19 Jahre)

Mieke, 12 Jahre, schrieb:

Geschwistergruppen Symbole

Ich habe die Symbole noch, weil sie mich an die Gruppen und an die Momente erinnern, in denen ich sie bekommen habe.

Dieser Schlüsselanhänger ist mir besonders wichtig, weil ich ihn in meiner ersten Geschwistergruppe gemacht habe, und weil jeder bei den sechs Treffen eine neue Perle bekommen hat. In einem anderen Jahr waren es diese großen Perlen, die ich am Ende auf eine Kette gefädelt habe. (Schlüsselanhänger und Kette)

Ich mag die Symbole, die ich über mehrere Treffen gesammelt, gebastelt oder ausgesucht habe besonders gern, weil sie mich an die ganze Gruppe erinnern. Das heißt, sie erinnern mich an die Kinder mit ihren Geschichten, an die Mitarbeiter, die uns begleitet haben, und an andere Symbole mit anderen Geschichten.

Ich verbinde mit ein paar Symbolen bestimmte Geschichten, Situationen und Gefühle.

Ich bewahre viele Symbole zusammen in einer Tasche auf, wenn ich dann mal in diese Tasche schaue, weil ich etwas suche oder etwas nachschauen will, dann kommen mir jedes mal Symbole in die Hände, über die ich dann nachdenke oder mit denen ich dann spiele.

Ich mag jedoch auch Symbole, die ich an einem Treffen bekommen habe, gern. Meistens sind es die, über die wir besonders geredet haben, wie zum Beispiel diese Regenbogenspirale, oder weil ich sie besonders schön finde. Jeder hat in dieser Gruppe eine bekommen. Es gab sie, weil von einem Geschwisterkind der behinderte Bruder gestorben ist. Wir haben zum Tod noch ein Buch gelesen und den Inhalt des Buches besprochen. (Regenbogenspirale)

Mieke hat mir in einem persönlichen Gespräch gesagt, dass sie sich bei fast jedem Symbol noch daran erinnern kann, in welchem Zusammenhang sie es bekommen hat, welche Fragen sich für sie damit verbinden.
Mieke besucht Geschwistergruppen seit ihrem 5. Lebensjahr.
Weil der ältere Bruder viele Sachen sehr schnell kaputt macht, hat Mieke einen eigenen abschließbaren Schrank, in dem sie alles aufbewahrt.

Leo, 12 Jahre:

Ich habe alle Symbole/Karten etc. aufbewahrt, weil mir alles viel bedeutet hat. Zum Beispiel die Bilder, die wir immer bekommen haben, habe ich alle noch, weil ich dann irgendwann mal sehen kann, wer bei diesem Seminar dabei war und was wir dort gemacht haben.

1. Hüpfmännchen
An denen hat mir besonders gefallen, dass jedes einzelne anders aussieht und
2. das Geld (Vietnamesische Tradition am Neujahrsfest, an dem ich die Kinder, Jugendlichen und auch erwachsenen Geschwister beteiligte, wenn in diesem Zeitraum ein Seminar stattfand).
Diese drei Geldstücke haben mir jeden Jahresanfang gezeigt, dass es immer einen Neuanfang gibt (neues Geld) bzw. dass man immer in die Zukunft gucken und nicht an das vorherige Schlechte denken soll.

Leos Aufbewahrungsort für seine Symbole ist sein Bettkasten. Leos Kommentar: „Es ist noch Platz: Ich komme weiter."
Leo besucht Seminare seit seinem 8. Lebensjahr.

Emily, 9 Jahre, ist seit zwei Jahren Teilnehmerin von Geschwisterseminaren und besucht gelegentlich die Janusz Korczak-Geschwisterbücherei.
Begleitung in wichtigen Fragen findet auch durch einen Briefwechsel statt.

Meine Marlies Schublade
Unter meinem Schreibtisch steht ein roter Rollcontainer. Zwei Schubladen sind für die Geschwisterseminar-Materialien. Das sind die Sachen, die Marlies mir schickt oder die wir bei den Geschwisterseminaren kriegen.
Ich hebe die Sachen in der Schublade auf, weil sie mich an das Geschwisterseminar und die Besuche bei Marlies erinnern. Die Sachen in der Schublade bedeuten für mich, dass jemand da ist, der mich versteht.

Mädchen, 10 Jahre

Symbole für Geschwisterkinder

Für uns Geschwisterkinder sind Unterbrechungen, Störungen beim Spielen etwas Alltägliches. In der Geschwistergruppe bekommen wir dafür Symbole.
Auf Geschwisterseminaren wird über unsere Probleme gesprochen.
Die Symbole bedeuten für uns doch dasselbe.
Jemand ist für uns da!
Wir können endlich offen reden!
Ich bewahre die Symbole in einem Schrank auf. Es ist zwar etwas durcheinander, doch ich finde immer das, was ich gerade brauche. Es ist praktisch, so etwas zu haben. Ich weiß, wo ich suchen muss. Für Karten und Fotos habe ich ein Album.
Da ich schon so lange auf Seminare gehe (5-7 Jahre), kann ich mit Vorurteilen und Beleidigungen gut umgehen. Das ist auch alltäglich.
Früher halfen mir Symbole. Jetzt kann ich es auch ohne sie.
Doch manchmal brauche ich sie einfach.
Mir geht es dadurch besser.

Linda, 23 Jahre, und ihr Bruder Mark, 20 Jahre:

Linda besuchte einige Jahre Seminarreihen für Geschwister, war Teilnehmerin bei Seminaren mit Jugendlichen.
Mark kommt seit einem Jahr zu Gesprächen in die Beratungsstelle Geschwister und setzt sich mit seiner Sicht einer Geschwisterbeziehung auf besondere Weise auseinander.

Auf den Fotos sind nur einige der Symbole, die ich bekommen habe.
Wichtig sind die einzigartigen Kreisel, die ich von den Geschwisterseminaren behalten habe.
Die Bedeutung der Kreisel ist sehr vielseitig und kann auf verschiedene Lebenssituationen übertragen werden, zum Beispiel ‚sich im Kreis drehen', etwas ‚aufwirbeln', ein kleiner Kreisel dreht sich auf dem Kopf, wenn die Welt mal ‚Kopf steht'.
Manche Geschwister haben auch gesagt: „Ich muss mich auf den Kopf stellen, um in den Mittelpunkt meiner Familie zu kommen."
Mein Bruder geht jetzt auch zur Beratungsstelle Geschwister.
Wir können uns gut über die Symbole austauschen, damit spielen. Es ist für ihn wichtig, Fotos zu bekommen.

Ein Beispiel von den Seminarreihen für Geschwister:

Die Ausstellung am Ende einer Seminarreihe, die Zusammenstellung der Sachen, Karten, die Aussagen, die sich darin für die Kinder, über die Kinder befinden, ist immer wieder auch für mich eine sich zwar wiederholende, aber jeweils einzigartige Erfahrung.
Es ist faszinierend, wie unterschiedlich sich der Prozess eines jeden darstellt, in welcher Form ein Kind die Sachen präsentiert, die es zeigen möchte. Es formt sich ein Gesamteindruck, entstandene Kartensammlungen ergänzen Erfahrungen.
Alle sind daran interessiert, sich darzustellen und auch die anderen zu sehen.
Von außen betrachtet würde manch einer sagen, dass das doch zu viel an Dingen sei, die sich da angehäuft haben.
Die Kinder selbst und das Team staunen eigentlich eher über die Verschiedenheit der Darstellung eines Ganzen. Bei gleicher Ausgangsposition ist jedes einzelne ICH unverwechselbar zu erkennen, das WIR entsteht durch die Gesamtheit.
Andere Geschwister schickten Fotos von den Plätzen, an denen ihre Symbole einen Ort in ihrem Alltag gefunden haben.
Emma hat ihr Zimmer mit Karten plakatiert. Sabine wird überall an ihre Erfahrungen erinnert, wenn sie sich in ihrer Wohnung umsieht. Sie hat sie sozusagen in ihren Alltag eingebaut, ähnlich wie Michaelis, die sich

durch diese Erinnerungen überall die Gedanken wach-
rufen möchte, die sie damit verbindet.

116

Jedes Seminar hat ein neues Symbol, jede Seminarreihe ein anderes begleitendes Symbol.
Es entsteht immer ein anderes Ganzes.
Dennoch wiederholen sich Dinge und Gegenstände.

Auf den Fotos ist gut zu erkennen, welche Symbole zu jedem Seminar gehören, d. h. sich wiederholen.
Eine Tasche: Als Geschwisterkind habe ich im Alltag etwas zu tragen. Ich nehme etwas von hier mit.
Ein Stift: Ich werde etwas von meinen Erfahrungen festhalten.
Eine ICH-Figur: Als ICH gehöre ich dazu, wir haben eine gemeinsame Basis und unterscheiden uns voneinander. Jedes ICH ist einzigartig.

Es gibt sich wiederholende Symbole, die in einem anderen Themenkontext anders eingesetzt wurden (Würfel, Karten zum Beispiel).
Es gibt Symbole, die wiederholt eingesetzt werden zur Umsetzung eines Themas, die aber jedes Mal in einer anderen Form gestaltet werden (Schlüsselanhänger, Ketten als Symbol der Verbindung, es gibt jeweils andere Formen, Perlen und weitere Möglichkeiten, individuelle Armbänder, Freundschaftsbänder zu machen).

Wir unterscheiden zwischen Symbolen, die vorgegeben sind, Symbolen, die einen Prozess begleiten, und Symbolen, die man sich selbst erarbeitet, d. h. gestaltet, die das Ganze ergänzen (das ist machbar mit Karten, Kartons, Magneten, Murmelbahnen, Ketten, Armbändern, Kreiseln etc., um nur einige der besonders beliebten Symbole zu nennen).
Es gibt schnelle Methoden der Gestaltung, zum Beispiel etwas bekleben, und langsamere, Zeichnungen, Sammeln von Material, Ausschneiden u. a.
Das ist von der Zeit her, die zur Verfügung steht, zu entscheiden.

Es wird bei allen Seminarangeboten die Aussage vermittelt und dargestellt, dass etwas Gleiches alle verbindet (Koffer, Taschen), aber jede, jeder anders, einzigartig ist (die Besonderheit drückt sich am Ende durch die Vielfalt der gestalteten gleichen Dinge aus).
Sowohl die Verschiedenheit als auch die Veränderung wird so allen deutlich.

Zum Ende eines Angebots (dem äußeren Rahmen) gehört zur letzten Rückmeldung:
ein Taschentuch (gibt es mit vielen Aussagen, für alle gleich, auswählen, je nach Zeit)
eine Süßigkeit (seelische Arbeit braucht Süßes, Abschied muss man sich versüßen), dabei an verschiedene Kulturen denken (Gummibärchen, Schokolade!).
Bei länger dauernden Seminaren gibt es manchmal noch ein Symbol, das sozusagen nachklingt (Murmeln

etc.) oder in der Erinnerung leuchtet (verschiedene Leuchtsachen).
Auch besonders herausfordernde Situationen im Rahmen eines Seminars werden gelegentlich durch ein solches Symbol unterstützt.

Bei allem, was durch die Arbeit mit den Symbolen an Verbindung entsteht, bleibt die Tatsache bestehen, dass jede, jeder Teilnehmer zu einem gleichen Gegenstand unterschiedliche Gedanken hat. Ein Thema kommt sozusagen ins Rollen, durch die verschiedenen Assoziationen werden einige Gedanken angeregt.
Eine Murmel ist auf diesem Hintergrund auch ein Symbol, das zu Beginn oder zum Abschluss die Gespräche auf die Ebenen bringen kann, denen die Teilnehmenden folgen wollen.
Ein gleicher Ausgangspunkt im Rahmen eines Themas sorgt für unterschiedliche Denkanstöße und sichert so, dass die Teilnehmenden trotz vorgegebener Struktur und Rahmen zu ihren Anliegen kommen, direkt, unmittelbar, ohne Umweg und mit aller Entschiedenheit.

Am Ende eines Seminars sehe ich mir oft die Zusammenstellung an Symbolen, die Auswahl an vorgegebenen Dingen und selbst erarbeiteten an, immer wieder an.
Ich hole mir die Aussagen der Geschwister vor Augen und formuliere meine Fragen, die ich dann an sie richten kann, die sich in mir weiterbewegen, bei denen es Sinn macht, weiter an ihnen zu arbeiten.

Persönlich habe ich auch einige Symbole in meiner Nähe, einige wenige, die in der Verknüpfung direkt mit Menschen verbunden sind.

Ich lebe jeden Tag in und mit der Welt von Symbolen in der Janusz Korczak-Geschwisterbücherei.

Mir begegnen immer wieder Dinge, die ich sammle, weil sie für die Umsetzung eines Themas geeignet sein könnten.

Und wenn ich in einer besonders herausfordernden Situation gebeten werde, Worte zu sagen, bei einem Abschied, einer Trauerfeier zum Beispiel, ist für mich immer in Verbindung mit dem Menschen, den Menschen ein Symbol wichtig, das eine Brücke bauen kann, für jeden mitnehmbar etwas aussagt, das in der Verbindung dann Bestand hat.

Es gibt da keine Wiederholung, jeder Mensch, jeder Anlass, jedes Symbol ist einzigartig.

Und es entstehen immer andere Bilder, die in Erinnerung bleiben, die Erinnerung wach halten.

In den Geschwistergruppen (Seminarreihen) ist das Gedenken ein selbstverständlich dazugehörendes Ritual.

Kommt eine Gruppe in unterschiedlichen Konstellationen zusammen, entsteht auch immer wieder ein neues Bild.

Nach Worten suchen

Wir sehen auch zurück auf Leben und Tod unserer Kinder in einen Widerspruch, weil ich unseren Glauben an Gott nicht verschweigen möchte.
Wir stehen dazu.
Ich glaube an eine Macht, die größer ist als wir.
Ich glaube an ein Leben nach dem Tode.

Daraus ergibt sich ein Widerspruch zu dem so leidvollen Leben unser Kinder Alexander und Ariane bzw. zu unserem eigenen Leben als Eltern und Familie („Wenn so etwas passieren konnte, kann es mit dem Glauben ja nicht weit her sein").
Ich kann daher nicht nur die richtigen Worte nicht finden, sondern kaum irgendwelche Worte benennen, um das auszusprechen, was uns da als Familie widerfahren ist.

„Über was man nicht sprechen kann, muss man schweigen."
(Wittgenstein)

Dennoch will ich versuchen zu schreiben über Leben, Veränderung und Tod unserer Kinder Alexander und Ariane. Ariane und Alexander wurden gesund geboren. Alexander am 8. April 1976 und Ariane am 27. Juli 1979. Der Altersunterschied betrug 3 Jahre. Sie erlebten beide eine fröhliche, normale Kinderzeit in unserem Haus

im großen Garten. Mit viel Platz zum Spielen und To-
ben.

Beide Kinder, Alexander und Ariane, bekamen im
Schulalter eine vorher nicht erkannte Krankheit.

Alexander erkrankte plötzlich, am 24. März 1984, nach
Windpocken an Gehirnentzündung. Wir Eltern fanden
ihn am Morgen gelähmt und blind im Kinderbettchen
vor.

Für uns Eltern begann eine Leidenszeit. Für wie lange,
mussten wir damals noch nicht.

Allen Prognosen zum Trotz erkrankte auch unsere
Tochter Ariane. Bei Ariane kam das Unglück schlei-
chend daher. Die ersten Anzeichen zeigten sich um
1990.

Die aus der Krankheit resultierenden Veränderungen
im Leben beider Kinder führten in Schritten bis zur
völligen Hilflosigkeit, zu einer Schwerstmehrfach-Be-
hinderung: ein Leben im Rollstuhl, im Heim bis zu ihrem frühen Tod.

Die in diesem Leid verborgenen Aufgaben und Erdul-
dungen werden lediglich in Stichworten genannt:
Schulformen finden und aushalten ... Pflege zunächst
zu Hause leisten ... Heim finden und erdulden, schwankend zwischen Erleichterung und Enttäuschung ...
Erstattung von Heimkosten einklagen ... den frühen
Tod der Kinder ertragen.

Beide Kinder starben in ihrem 27. Lebensjahr. Wir Eltern konnten beim Tode bei unseren Kindern sein. Beide Kinder starben an Lungenentzündung.

Alexander verstarb am 5. März 2004 in einer Klinik in Hildesheim. Ariane verstarb am 31. März 2007 in Salzgitter.

Seit dieser Zeit sind wir verwaiste Eltern.

Den uns zugeneigten Menschen und Helfern über all diese Jahre möchten wir danken.

Wir glauben, dass Gott seine Hand über uns gehalten hat und es noch tut.

Einige Menschen haben nicht weggesehen und sind nicht weggegangen. Sie haben uns beigestanden mit Herz und Hand, bis heute.

Wir sehen auch zurück auf schöne und freudige Tage im Kreise guter Menschen mit unseren Kindern. Sei es zu Hause im Garten, in der Heimstatt oder bei Eltern- / Geschwisterseminaren. Solche Gelegenheiten waren gut, um unsere Batterien wieder aufzuladen, was auch nötig war.

Darüber freuen wir uns und sind dankbar.

Wir enden unseren Bericht mit einem Gebet für Alexander und Ariane:

Gott segne Dich.

Wir sagen uns jetzt, dass alles gut ist zwischen uns.

Wir haben uns von ganzem Herzen lieb.

Freue dich; denn du hast Gnade gefunden bei Gott.

Fürchte dich nicht. Amen.

Herbert und Barbara Thimon
Velpke, im August 2014

Schwestern

Wir sind Schwestern,
jede von uns beiden nimmt Anteil am Leben
                                    der anderen.
Aber wir sind grundverschieden.
Sie ist kerngesund
          und ich bin chronisch krank,
sie geht als Siegerin durchs Leben,
          ich hinke immer hintendrein,
sie kommt problemlos vorwärts,
          mir werden ewig Steine in den Weg gelegt,
sie spricht mehrere Fremdsprachen fließend
          und ich (im Moment) nicht mal meine Mutter-
          sprache,
sie ist tüchtig,
          ich bin hinfällig,
sie hat Erfolg im Beruf und eine gut bezahlte Stelle,
          ich bin IV-Halbrentnerin, werde unter dem Exis-
          tenzminimum entlohnt und muss sehr froh sein,
          meine Stelle halten zu können,
sie kann reisen, wohin sie will,
          ich kann das schon lange nicht mehr,
sie plagt mir gegenüber manchmal das schlechte Ge-
                                        wissen
          und ich bin manchmal neidisch auf sie und ihre
          Gesundheit, obwohl ich weiß, dass sie genauso
          wenig für ihr Befinden kann wie ich für meines.

Sie hat einen festen Freund,
      und ich bin schon lange solo.

Trotzdem,
wer denkt, nur ich würde unter all dem leiden,
der irrt.
Es ist für uns beide schwer,
      aber es ist schwer.

Wir sind Schwestern, und wir sind uns nicht egal.

Bea Pfister, August 2000

Janusz Korczak
Zehn Zündholzschachteln[1]

In einem kleinen armen Städtchen lebte ein Rebbe[2]. Er unterrichtete im Cheder[3] zehn arme Jungen.

Arme Kinder haben kein Spielzeug, denn die Eltern können sich das nicht leisten. Die Kinder machen sich ihr Spielzeug selbst.

Ein reicher Junge hat ein Gewehr, das er im Laden gekauft hat, und er hat einen Zloty dafür ausgegeben. Ein armer Bub hat einen Stock, das ist sein Gewehr und manchmal sein Schwert, und damit spielt er.

Eine Puppe kostet im Laden einen Zloty oder mehr. Aber man kann doch eine Puppe aus Lumpen machen und auch damit spielen.

Mann kann sogar einen Ball aus einem alten zerrissenen Strumpf machen. So einen Ball kann man natürlich nicht abschlagen, aber zum Spielen ist er ganz gut.

Häufig ist es so, daß ein reiches Kind viel Spielzeug hat und sich doch langweilt. Ein armes Kind wiederum macht oft schöne Spielzeuge für sich und seine Kame-

---

[1] Aus: Janusz Korczak, Sämtliche Werke, Bd. 13, S. 200-202

[2] (jidd.); von hebr. „Rabbi", „Rabbiner". Vgl. S. 182, Anm. 1. h.

[3] Vgl. S. 182, Anm. 3.

raden. Es gibt ja genug Stecken, Steinchen und Lumpen und Sand auf der Welt.

Ein Taschenmesser muß man kaufen. Aber schließlich kann man mit einem Stück Glas oder Blech schneiden. Wenn du keinen Hammer hast, kannst du alte Nägel mit einem Stein einschlagen.

Es gibt auch Schachteln. Verschiedene.

Der Rebbe schenkte den Buben, die er im Cheder unterrichtete, zehn Streichholzschachteln, jedem Buben eine Schachtel: dem, der im Unterricht Vögel aus Papier machte, dem Faulen, dem Ruhigen und dem Nichtsnutz. Dem einen für seinen Fleiß, dem anderen – um ihn zum Lernen zu ermuntern.

„Dir gebe ich eine Schachtel, weil du ein fleißiger Schüler bist, und dir – damit du dich besserst und so wirst wie dein Kamerad."

So sprach der Rebbe und die Schüler drängten sich um ihn: „Und ich? Mir auch! Ich hab' noch keine gekriegt."

Nachher betrachtete jeder die Schachteln der anderen und prüfte, ob seine nicht schlechter war als die seines Kameraden. Aber nein, alle waren gleich.

Über jedes Ding und über jede Angelegenheit kann man viel oder wenig sagen. Über diese zehn Schachteln könnte man ein dickes Buch schreiben, aber ich erzähle in kurzen Worten davon. Also: Abramek verlor seine Schachtel und damit war Schluß.

Es war damit noch nicht ganz zu Ende, denn wenn einer etwas verliert, findet es ein anderer. Wenn du Zeit und Lust hast, kannst du selbst in Erfahrung bringen, wer die Schachtel von Abramek gefunden hat und was er damit getan hat – aber ich bin in Eile und deshalb beende ich diesmal die Geschichte nicht.

Was machte Dudik? Dudik schenkte seine Schachtel der kleinen Schwester Ruth. Damit war es noch nicht zu Ende, denn wenn einer ein Geschenk macht, so empfängt es der andere. Und es ist klar, mit diesem Geschenk geschieht dann weiter etwas. Doch ich bin in Eile; du aber, denk selbst darüber nach, wenn du wissen willst, was die kleine Ruth mit der Schachtel, die sie bekommen hat, machte und wie es weiterging.

Szajke bekam auch eine Schachtel.

Er ging hinaus auf den Hof und fing an, sich zu brüsten und zu zeigen, was er hatte: Da schaut, die Schachtel läßt sich auf- und zumachen und oben drauf ist ein hübsches Bildchen. Aron war zu der Zeit auf dem Hof. Aron sagte:

„Die Schachtel? Lächerlich. Irgendein Gelump. Das soll was Großartiges sein? Vielleicht einen Grosz wert oder nicht mal das. Triffst du damit bis zum Müllhaufen?"

Wenn du genügend Zeit und Lust hast, denk selbst darüber nach, was ihm Szajke geantwortet hat, wie sie sich gestritten haben, wie sie geprügelt haben, wie einer dem anderen die Schachtel weggerissen hat, wie er sie mit den Füßen zertreten hat, wie Szajke geweint hat und seine Mutter Aron angeschrien hat: „Bandit, Räuber!", und wie die Mutter von Szajke sich mit der Mutter von Aron zerstritten hat. Das wäre eine lange, sehr lange Geschichte. Man könnte ein ganzes Buch darüber schreiben.

Und was machte Icek? Icek bekam auch eine Schachtel. Icek liebte Bonbons, und Fiszel hatte gerade ein Bonbon, also sagte Icek zu ihm:

„Gib mir das Bonbon, ich gebe dir die Schachtel."

Wenn du Lust hast, stell dir vor, was Fiszel darauf sagte, wie sie zusammen die Schachtel betrachteten und wie Icek sagte: „Du bist schlau! Du handelst mit mir und die ganze Zeit lutschst du das Bonbon im Mund. Dein Bonbon wird mit jeder Minute kleiner und ist immer weniger wert."

Fiszel war nämlich tatsächlich schlau: Im Tausch mit der Schachtel wollte er Icek nur einmal am Bonbon lutschen lassen. Na, höchstens zwei- oder dreimal. Er wollte, daß Icek am Bonbon leckt, wenn er, Fiszel, es in der Hand hält, in seiner Hand. Man konnte ja schnell lecken, aber man konnte auch lange lecken. Und das ist dann kein Geschäft.

„Und was soll ich machen, wenn du das Bonbon in den Mund nimmst und damit wegläufst?"

Ich werde nicht erzählen, wie die Geschichte endete – denn Abramek, Dudik, Szajke und Icek – das sind erst vier Schachteln. Denk also selbst darüber nach, wie es weiterging, und ich beschäftige mich mit Chaim.

Chaim machte es anders. Er nahm die Schachtel mit nach Hause. Er zeigte sie niemandem und sagte niemandem etwas davon. Weder seinem Bruder Srulek, noch der jüngeren Schwester Dorka, noch der Jüngsten Szejndele; sie konnten sie ja kaputtmachen oder ihm wegnehmen. Er steckte die Schachtel in die Tasche, dann versteckte er sie im Schrank, nachher verbarg er sie unter einer großen Truhe, schließlich brachte er sie zurück in den Schrank und stopfte sie in die hinterste Ecke.

Und wiederum war damit die Sache noch nicht zu Ende. Aber was kann man machen. Es blieben immer noch Leibusch, Josek, Szmulek, Mosiek und Srulek.

Leibusch war reich. Na, vielleicht nicht ganz reich, aber er hatte zwei kleine Groszy und einen Grosz – zusammen drei Groszy. Er umwickelte sie mit Papier und einem Lappen; alle Augenblick lang nahm er sie aus dem Versteck, um sich zu vergewissern, daß sie nicht verschwunden waren. Er zählte einmal, noch einmal und dann wickelte er sie wieder ein. So machte er es zweimal und noch öfter am Tag, denn ihn quälte die Unruhe. Jetzt aber legte er die drei Groszy in die Zündholzschachtel und umwickelte die Schachtel mit dem Papier und dem Lappen; jetzt mußte er sie nicht mehr aus dem Papier und dem Lappen auswickeln, um das Geld zu sehen – er schüttelte die Schachtel, und wenn er ein Geräusch hörte, wußte er, daß die Groszy drin sind. Er mußte jetzt das Geld nicht mehr auspacken, um es den Kameraden zu zeigen. Es genügte, die Schachtel zu schütteln und zu fragen: „Hörst du? Ich hab' sie." Denke selbst darüber nach, was später geschah, denn ich hab's eilig.

Szmulek hatte eine Schwester Blumka, und sie hatte viele Freundinnen und verschiedene hübsche „Sachen". Es gibt auf der Welt wichtige und unwichtige „Sachen". Die einen „Sachen" sind für die Mädchen unentbehrlich, andere für die Buben. Eine Schachtel brauchen sowohl Mädchen als auch Buben. Szmulek guckte sich um und wählte als Tauschobjekte für die Schachtel vier „Sachen" aus. Dann tauschte er zwei davon in andere „Sachen" um. Dann tauschte er noch einmal, so daß er am Sabbat schon viele „Sachen" hatte und einen Grosz, den er von Leibusch bekam. Szmulek hat Köpfchen. Er versteht es, Geschäfte zu machen. Er kann reden und überzeugen. Wenn er etwas sehr gern haben möchte, kannst du sicher sein, daß er es kriegt. Wenn nicht heute, dann morgen oder übermorgen. Die Jungen mögen ihn nicht, obwohl sie immer zu ihm kommen, um sich Rat zu holen.

Mosiek und Srulek wollten gern Briefmarken aus Palästina haben. Sie haben zwei Zündholzschachteln und spielen zusammen mit ihnen. Aus der einen Schachtel machten sie ein Schiff, aus dem anderen – einen Pardes mit Zitronenbäumen. So spielten sie den ganzen Sommer. Ganze zwei Monate lang. Mit ihnen spielten sämtliche Kinder von den Nachbarhöfen. Jeder steuerte zum Spiel bei, was er hatte. Leibusch eine Briefmarke aus Palästina. Rachela richtete einen Kindergarten ein. Die Mama von Mosiek schnitt Halucim[4] aus von Srulek stiftete Holznägel (er ist Schuster) – das waren die Araber. Die Araber machten Überfälle, dann versteckten die Kinder das Schiff unter der Briefmarke. So wurde es gerettet, und die Araber konnten nicht sie-

---

[4] (hebr.): Pioniere. Mitglieder der zionistischen Organisation Hechaluc Hacair (Junge Pioniere), die die Jugend auf die Emigration nach Palästina vorbereitete.

gen. Später gaben die Kinder dem Hausmeister eine Zigarre (das ist auch eine lange Geschichte). Der Hausmeister gab ihnen eine Hacke und erlaubte ihnen, ein großes Schiff in der Erde auszugraben, damit man Matrosen und zehn Passagiere darauf unterbringen konnte. Es gab Billette nach Haifa und Tel Aviv. Jeden Tag hatte das Schiff einen anderen Namen: Ejn Harod[5], Tel-Josef[6], Geszer[7], Kinneret[8], je nachdem, wo die Kinder einen Onkel, eine Tante, einen Bruder oder eine Schwester hatten. Sie hißten die weiß-blaue Flagge[9]

---

[5] Kibbuz (Kollektivsiedlung) in Palästina, am Fuß des Berges Gilboa gelegen. Korczak und Stefania Wilczynska (vgl. S. 311, Anm. 1) besuchten den Kibbuz Ejn Harod in den Dreißigerjahren mehrfach. Vgl. z. B. Ronen, Aza: Die Beziehungen zwischen Korczak und dem Kibbuz Ejn Harod. In: Janusz Korczak in der Erinnerung von Zeitzeugen. A. a. O., S. 42.4 ff.

[6] Kibbuz im Harod-Tal, gegründet 1921, benannt nach Josef Trumpeldor (1880-1920), einem heldenhaften Kämpfer gegen die Araber. Der Kibbuz Tel-Josef arbeitete anfangs eng mit dem Kibbuz Ejn Harod zusammen.

[7] Kibbuz im Tal des Jordan, südl. des Sees Genezareth.

[8] Moschaw (Kooperativsiedlung), gegründet 1909 am südwestlichen Ufer des Sees Genezareth. (Kinneret ist der hebr. Name des Sees Genezareth.)

[9] Auf dem ersten Zionistenkongreß 1897 in Basel wurde die weiße Fahne mit blauem Davidstern als Nationalflagge gewählt.

und nachher machten sie sogar ein Flugzeug aus Sand. Sie hatten fünf Flaschen, in denen sie Wasser zum Besprengen des Sands herbeitrugen. Wasser war zugleich Benzin. Die Kinder hatten Bretter und Ziegel. Sara befestigte mit Fäden Steine an Zweigen, und das waren Orangen. Sie richteten einen Sabbat in Palästina aus. Die Araber wollten sie überfallen, aber Dudek und Icek, die Wache standen, wehrten den Angriff ab. Die Kinder schrieben aus Palästina Briefe an ihre Eltern, sie sollten sich um sie keine Sorgen machen. Es gab auch ein Konzert von Huberman[10].

Dann errichteten die Kinder ein Museum. Im Museum stand als Erinnerungsstück das Schiff aus der einen Zündholzschachtel; mit ihm hat alles angefangen. Was ist das – ein Museum? Elias hat es ihnen erklärt. Sein Onkel, der schon neun Jahre in Palästina wohnt und zu Besuch kam, erzählte ihm von einem Museum.

Jeder wird verstehen, daß man ein großes Buch schreiben kann über ein Spiel, das zwei Monate lang dauerte – und mit einer Streichholzschachtel angefangen hat, nachher gab es ein Schiff von fünf Meter Länge, mit Rudern und Platz für viele Matrosen und Passagiere, alles mit einer richtigen Hacke gemacht, mit Überfällen der Araber, einem Museum, einer weißblauen Flagge und einem Flugzeug.

---

[10] Bronislaw Huberman (1882-1947), einer der herausragendsten Geiger des 20. Jahrhunderts. Huberman gründete 1936 in Tel Aviv ein Symphonieorchester.

Versucht, solch ein Buch zu schreiben. Jeder soll sich in seiner Freizeit, im Winter, etwas Neues ausdenken, etwas hinzufügen, und ihr werdet sehen, daß es euch gelingt.

Einfach dazugehören!?

Das Thema ‚dazugehören' bewegt Geschwister aller Altersgruppen.

Die Jüngeren sagen: „Sie lassen mich nicht mitmachen. Ich gehöre nicht dazu."

Jugendliche erklären: „Dazu will ich nicht gehören."

Erwachsene Geschwister beschreiben: „Ich habe immer nach Menschen gesucht, zu denen ich gehören könnte, ohne dass meine Schwester mir den Zutritt dazu verschafft."

Dazugehören ist ein wichtiges Gefühl, um sich nicht immer allein und einsam zu fühlen.

Dazuzugehören, zu Gruppen von Menschen außerhalb der Familie, wird nicht nur für Geschwister immer schwieriger. Die Fragestellungen, zu wem ich gehöre, zu welcher Bewegung, für welches Ziel ich mich engagieren möchte, werden immer umfassender.

Umso notwendiger erschien es uns, das Thema in der Begleitung von Geschwistern auf vielen Ebenen anzusprechen und erfahrbar zu machen.

Wir wählten dazu eine Seminarreihe – in Absprache mit Geschwistern –, weil wir dort die Sicherheit haben, die Kinder und Jugendlichen über einen längeren Zeitraum hinweg begleiten zu können.

Auf ausdrücklichen Wunsch der Geschwister und deren Beteiligung an der Auswahl von Themen entstand eine weitere Seminarreihe mit dem Thema ‚Einfach dazugehören!?!'

Anhand der gewählten Symbole soll der Prozess der Auseinandersetzungen exemplarisch dargestellt werden.

Unter der Überschrift **Ich bin doch auch noch da** als erstes und immer wieder gewähltes Thema von Geschwistern wurden in der Einladung folgende Themen angegeben:

1. Treffen	Ich im Rahmen der Gruppe
2. Treffen	Ich im Rahmen der Familie
3. Treffen	Im Rahmen bleiben – Aus dem Rahmen fallen
4. Treffen	Rahmen klären
5. Treffen	Rahmen suchen – Rahmen finden
6. Treffen	Wir im Rahmen

Die begleitende Rahmengeschichte war die Zündholzschachtelgeschichte von Janusz Korczak (siehe auf den Seiten zuvor).
Zu Beginn der Seminarreihe bekam jeder äußerlich die gleiche Schachtel, die persönlich zu gestalten war (eine Vielfalt an Material war zum Aussuchen da).
Alles, was innerhalb der Seminartage an Symbolen ergänzt wurde, musste in diese Schachtel passen. Alle anderen Schachteln waren Streichholzschachteln.
Insgesamt ergab sich das Bild Schachtel und Schachteln in der Schachtel. Alle Aktionen und Aufgaben wurden diesem Ziel angepasst, Vorstellrunde als Schachtelgeschichte etc.

Dann waren die Schachteln mit gleichen Dingen gefüllt, unterschieden sich durch die äußere Gestaltung; eine Aufgabe bestand darin, eine Schachtel zu gestalten und zu füllen (ausgesuchtes Material in ausgesprochener Vielfalt) und sie im Rahmen einer Verlosung einem anderen zu schenken (Namen waren bekannt).
Am Ende war der Wunsch, dass jeder in einer besonders schön gestalteten Schachtel etwas bekommen sollte, was ihn einzigartig machte und wertvoll war.

Das Mitarbeiterteam entschied sich für eigens angefertigte Namensbuchstaben.
Wir erlebten zu unserer Überraschung auch in diesem Zusammenhang mehrere Diskussionen:
Was ist gerecht? Muss alles gleich – gleich teuer in diesem Fall – sein, damit alle sich gleichwertig geschätzt fühlen?
Habe ich einen kurzen Namen, kostet das weniger, als wenn ich einen langen Namen mit vielen Buchstaben habe.
Ich mag meinen Namen nicht, weil ich damit gehänselt werde. Ich will das Geschenk nicht haben und suche mir auch nichts anderes aus.

An diesem Wochenende bastelten Eltern und Geschwister gemeinsam noch mal andere Schachteln, die Mitarbeitende als Überraschung mit besonderen Perlen (Symbol für einzigartig und wertvoll) füllten.

Während des ganzen Seminars wurden Themen besprochen wie:

Vorstellungen, Bilder, Märchen von Geschwisterkindern von anderen (zu Beginn, am Ende)

Ich bin im Rahmen, ich falle aus dem Rahmen, meine Schwester, mein Bruder ist im Rahmen, fällt aus dem Rahmen, jemand ist bei mir im Rahmen.

Jemand fällt bei mir aus dem Rahmen.

Wer bestimmt den Rahmen? In welchem Rahmen muss ich mich zurechtfinden und wer hilft mir? Bei welchen Rahmen muss ich mitmachen? Wo kann und möchte ich mir allein einen Rahmen suchen?

Was sprengt den Rahmen? (Umgang mit Aggressionen)

Was bedeutet Gerechtigkeit im Zusammenleben mit einer Schwester, einem Bruder mit Behinderung?

Was bedeutet Gerechtigkeit in einer Geschwistergruppe?

Grenzen im Zusammenleben mit Menschen, Grenzen in einer Geschwistergruppe.

Die Arbeitsgruppen waren jeweils anders zusammengesetzt: nach Alter, nach Geschlecht, nach Geschwisterposition, nach Familiengröße oder sie waren auch frei gewählt.

Selbstverständlich gab es mehrere Rahmen, die das Thema beschreiben konnten. Die Vorstellung war im großen Rahmen, die Gruppe der Geschwister gestaltete sich einen Rahmen mit ihren Fotos, es gab einen Rahmen, in dem immer die Schachteln für alle präsentiert wurden. Es wurde durch Rahmen gegangen, gesprungen, auch ein Rahmen zerstört.

Auf dem roten Teppich, der seit einigen Jahren zur Ausstattung bei der Gestaltung von Angeboten für Geschwister gehört, wurden Rahmen und Schachteln immer wieder gezeigt.

(Wir nahmen die Anregung eines 11-jährigen Mädchens auf, die uns mit der Frage konfrontierte, warum Geschwister nicht manchmal auf einem roten Teppich stehen könnten. Andere bekämen das als Anerkennung für ihre Leistung oder überhaupt für ihr Sosein. Seither haben wir einen roten Filzteppich zur Gestaltung der Mitte.)

Im Anschluss daran hatten die Geschwister die Idee, die Erfahrung mit den Schachteln und ihren Möglichkeiten weiterzuentwickeln.

Anregungen wurden gefunden in den Büchern

- Das Streichholzschachtel-Tagebuch
  Fleischmann, Paul, Verlagshaus Jacoby &
  Stuart, Berlin 2013
- Einfach dazugehören
  Oder Du bist angenommen
  Welsh, Renate, Rowohlt Verlag Hamburg, 1987

Ich bin doch auch noch da II

Die Wahl der Themen
1. Treffen: Einfach dazu gehören?
2. Treffen: Teil sein – Teil haben
3. Treffen: Zeichen und Gefühle der Zugehörigkeit
4. Treffen: Abgrenzen – Ausgrenzen
5. Treffen: Verstehen – Verständnis
6. Treffen: Unverwechselbares ICH und gemeinsames WIR

Das war die Idee zur Umsetzung des Themas:
Einfach dazu gehören?
Es gibt gemeinsame Symbole.
Es gibt ein ‚Gefäß‘, in dem die Symbole gesammelt werden. Über die Form des ‚Gefäßes‘ wird in der Gruppe entschieden. Es kann für alle gleich oder auch unterschiedlich sein.
Bei jedem Treffen gibt es etwas Gleiches und etwas Verschiedenes. (Auswahl)
Es entsteht eine einzigartige und eine gemeinsame Geschichte vom ‚Dazugehören‘.

So erfolgte die Umsetzung:
Jeder konnte sich zwischen 3 verschiedenen Formen für eine große Schachtel entscheiden: rund, quadratisch, eckig.
Es sind alle Geschwister, deshalb haben wir ein verbindendes Symbol, aber wir unterscheiden uns auch von-

einander – nicht nur in der äußerlichen Gestaltung von Schachteln, schon die Schachtel selbst ist anders.

Bei jedem Treffen gab es eine andere Form einer kleinen Schachtel, die aber alle in die große Schachtel passten (Sterne, rund, Streichholz, Säckchen, Röhrchen etc.).

Die Schachteln konnten jeweils unterschiedlich gestaltet werden und wurden mal gleich, mal individuell gefüllt unter der Voraussetzung, dass alles in einer Aussage zum Thema passte.

Am Ende gestaltet jeder eigentlich, d. h. in der Absicht einer Schachtel für einen anderen, anonym mit der Verlosung. Als Wunsch war innen angegeben, welches jeweilige Symbol für das Erleben in der Geschwistergruppe stand.

Beim Füllen der so entstandenen Schachteln stellte sich heraus, dass die Verbindung zu dem persönlichen Symbol so speziell war, dass die MitarbeiterInnen sich dafür entschieden, dass jeder seine Schachtel mit seinem Inhalt zurückbekam.

Folgende Symbolwünsche wurden geäußert und auch erfüllt (einige Beispiele):
- ein Magnet, der uns alle zusammenhält
- ein Schlüsselanhänger mit den Anfangsbuchstaben von allen Kindern und Mitarbeitern
- eine Kette, auf der Sonntagsgruppe steht
- ein möglichst originelles Herz
- ein Stein
- ganz viele aneinandergereihte Büroklammern

- eine Kette aus Sprungfedern, denn sie dehnt sich und hält doch alle Spannungen
- bunte Armbänder
- Für mich bedeutet die Geschwistergruppe, dass man ähnlich ist wie die andern. Aber die Gruppe ist anders als meine normale Umgebung. Außerdem wird man respektiert, egal wie man ist. Etwas, was sich verformen kann, aber immer angenommen wird.

Die ICH-Figur war äußerlich gleich. Nach der Gestaltung unterschieden sie sich sehr voneinander.
Es gab ein zusätzliches Symbol, das nicht passte – es war auch nicht vorgesehen, stand im Zusammenhang mit einem traurigen Erlebnis durch den Tod eines behinderten Kindes, Bruder eines Jungen, der früher die Gruppe besucht hatte. Es passte nicht in die Schachtel. Es war passend für den besonderen Anlass, dass es einen besonderen Platz bekam.

Die Vorstellrunde – wer nimmt welchen Platz in der Familie ein? – wurde mit den vorhandenen Schachteln gestaltet. Die ICH-Figur des Vorstellenden stand auf einer Schachtel.
Die anderen Familienmitglieder wurden entweder durch vorgegebene Figuren auf eine andere Schachtel gestellt oder die Schachteln wurden mit Namen entsprechend gekennzeichnet.
Hier entstand durch die Ideen der Geschwister eine hohe Flexibilität an Gestaltungsmöglichkeiten, Schach-

teln wurden aufeinander gestellt, miteinander verbunden und wie es bei anderen Symbolen auch der Fall ist, fing einer mit einer kreativen besonderen Art an, gab damit die Möglichkeiten vor, die stets erweitert werden konnten.

(Mitarbeitende müssen dabei darauf achten, dass sie in ihrer Vorstellung, einige zu Anfang, andere am Ende, nicht eine zu hohe Anforderung durch die eigene Gestaltung vermitteln.)

So entstanden im Laufe der Zeit ganz persönliche Schachtelinhalte.

Einige schrieben ihre Schachtelgeschichte auf.

Die kleine Schachtel
Diese Schachtel haben wir bekommen. In diese Schachtel sollten wir einen Wunsch reinschreiben, die die Geschwistergruppe verbindet. Da sind 17 Puzzleteile drinnen und ein Radiergummi.
Die Puzzleteile sind bei mir die Geschwisterkinder. Ich bin ein neongelbes Puzzleteil, weil man Neongelb besser erkennen kann. Neongelb ist nämlich meine Lieblingsfarbe.
(Mika, 9 Jahre)

Meine Schachtelgeschichte
Ich öffne eine Schachtel und finde drei weitere Schachteln. Ich öffne eine der drei Schachteln und finde drei Symbole. Ich öffne eine andere, drin liegt ein Zettel, auf dem drei Worte stehen.
Ich öffne meine Augen und lese: Wir sind Geschwister.

Diese Worte erinnern mich an alle aus der Gruppe.
Die Zahl ‚drei' ist meine Glückszahl.
(Mieke, 10 Jahre)

Meine Schachtel
Meine Schachtel ist was Besonderes, denn sie ist von mir selber gestaltet.
In meiner Schachtel sind kleine Schachteln und andere Sachen.
In einer kleinen Schachtel befinden sich 23 Murmeln, diese habe ich mir gewünscht, damit die Erinnerung immer bleibt, weil mir nämlich 23 Kinder waren.
In noch einer kleinen Schachtel war ein kleines lila Männchen drin, das man in alle Richtungen biegen kann.
In der großen Schachtel sind noch meine Karabiner-Taschenlampe und eine Holzfigur, die wir gestaltet haben, auch diese Figur ist beweglich.
Noch in meiner Schachtel sind 2 €, Smarties und noch ein Plastikanhänger, der beweglich ist.
(Meeno, 10 Jahre)

Leicht und schwer
Eine sechseckige Schachtel, manche denken, „ist doch nur 'ne Schachtel", andere denken, „Schachteln sind Verpackungsmittel", doch nie denkt jemand darüber nach, was drin ist.
In der sechseckigen Schachtel sind eine Feder und ein Stein.

Die Feder ist für Dinge, die einem leichtfallen, so wie krabbeln.
Der Stein ist für Dinge, die einem schwerfallen.
Ihr seht, dass alles was Besonderes ist. Vergesst das bitte nie.
(Jana, 10 Jahre)

Schachtelgeschichte
Meine Schachtel ist einzigartig. Jedes Symbol sagt mir einen Teil darüber aus, was ich in der Gruppe erlebt habe.
Bestimmte Symbole haben auch ganz unterschiedliche Bedeutungen für mich. Zum Beispiel habe ich mir immer etwas ausgesucht, was mich mit der Gruppe verbindet. Manche Symbole verbinden mich aber auch eher mit der jeweiligen Situation zu Hause.
Meine Schachtel ist mir wichtig und gefällt mir sehr, denn sie sagt mir vieles über mich und die Gruppe aus.
(Laura, 14 Jahre)

Besonders erwähnen möchte ich noch, dass die persönlichen Wünsche der Kinder, die von ihnen besonders verpackt waren, erst bei einem nächsten Treffen mitgenommen wurden. Wir sollten sie lesen und auch vorlesen, ohne Namen zu nennen.
Beim Beschreiben des unverwechselbaren ICH beim letzten Treffen wurden die Namen von einem Team der MitarbeiterInnen vorgelesen und die anderen sollten raten, wer sich mit diesen Worten beschrieben hatte.

Die Verbindung zwischen den Treffen wird gehalten durch Briefe, die auf den nächsten Termin hinweisen (zu Beginn der Woche, in der das Treffen ist).
Wir konnten auch hierbei das Thema umsetzen.
Es gab besondere Umschläge in den Formen und in der Gestaltung (besonderes Papier).
Es gab (sogar zum Thema passende) Sondermarken, die für alle gleich waren. Am Ende überraschte uns Bremen mit einer Doppelbriefmarke, 2 Teile a 60 Cent, der eine Teil wurde zugeschickt, den anderen Teil bekam man in der Gruppe.
Es wurden Text-Karten zugeschickt, unterschiedlich für Kinder und Mitarbeitende.
Alle Teilnehmenden brachten die Post zu den Treffen mit, wohl auch, um zu vergleichen. Es war ungeheuer spannend, die jeweiligen Aussagen zu entdecken.

Themen, die innerhalb der Zeit der Seminarreihe angesprochen wurden:

Das ist unser gemeinsames WIR – was bedeutet es für mich, in einem WIR zu sein?
Ausgrenzen, Abgrenzen – in welchem Bereichen meines Alltags werde ich ausgegrenzt, wo grenze ich mich ab? Wie kann ich mich gegen Ausgrenzung wehren?
Welche Rolle spielt bei diesen Themen die Tatsache, dass ich eine behinderte Schwester, einen behinderten Bruder habe?
Was bedeutet Gerechtigkeit?

Dazugehören: Was heißt das für mich, wo werde ich zugeteilt, wozu verpflichtet, was kann ich persönlich entscheiden?
Wie gehe ich mit meinen Wünschen um, wie gehen andere mit meinen Wünschen um?

Eigenarbeit:
Das wünsche ich mir!
Das bedeutet die Geschwistergruppe für mich!
So beschreibe ich mich als UNVERWECHSELBARES ICH!
Meine Schachtelgeschichte!

Besondere Aktion:
Teilchen – welches Teilchen habe ich in mir?

Zur Zeit der Seminarreihe gab es im Museum Universum Bremen eine Sonderausstellung zum Thema der modernern Teilchenphysik unter dem Thema „Teilchenzoo – Auf den Spuren von Higgs, Quark und Photonen".
Zu jedem Teilchen gab es einen Steckbrief. Und über einen ‚Teilch-o-mat' konnte man sich erarbeiten, zu welchem Typ von Bausteinen der modernen Quantenphysik man selber gehört. Es gab Federgewichte, Quasselstrippen, Einzelgänger, Rampensäue etc.
Per Computer konnten wir die Informationen abrufen mit den vorher von den TeilnehmerInnen ausgefüllten Fragebogen. Das war mehr als nur eine spaßige Aktion.

Es gab auch witzige Namen wie Bottom-Quark, Myon und Tauon, Down-Quark und Up-Quark, W+ und W- Kinder, die sich mehr oder weniger ernst die Informationen erarbeitet hatten. Eine Mitarbeiterin wertete die Fragebogen aus –mit diesen Informationen entstanden ganz neue Gruppen

Das nutzten wir einmal zur Zusammenstellung einer Arbeitsgruppe. Wie bei jeder Ausstellung gab es auch da Teile zu erwerben, T-Shirts, Taschen, Fahrradsattel, Stempel u. a. mehr. Jedes Kind bekam seinen Stempel, der hervorragend in eine Schachtel passte. Und bei jedem Treffen wurde eins der anderen Teile verlost.

Bei allen sonstigen Bemühungen um die Gleichheit von Symbolen war diese außergewöhnliche, uns zugespielte Aktion, eine andere Erfahrung. Und wieder waren wir im Thema des Umgangs mit Neid und Eifersucht, ein Gefühl, das Geschwister wie andere Menschen kennen, aber nicht so gerne bei sich entdecken möchten.

Das sagten Teilnehmende am Ende der Seminarreihe zum Erleben in der Gruppe

Ich äußere meine Wünsche. Ich achte darauf, dass erfüllbare Wünsche auch umgesetzt werden (Material, besondere Karten etc.).

Ich beteilige mich an den Abstimmungen.

Ich lasse mich auf das Material ein und zeige mich durch das Material und wie ich es benutze.

Ich melde mich zu Wort.

Ich sage, was ich brauche.

Ich sage auch, wenn ich etwas nicht gut finde, und arbeite darauf hin, das immer besser zu können und meinen Ärger nicht runterzuschlucken.

Ich respektiere die anderen Teilnehmenden und deren Wünsche, d. h. ich kann nicht immer nur ein Buch lesen oder nur mit dem einen Spielzeug spielen, wenn alle das ausprobieren möchten.

Ich respektiere die Spielregeln oder schlage Änderungen vor, wenn ich das möchte und meine, dass etwas anders sein soll.

Ich teile meine Stimmung und meine Erlebnisse mit, dass andere sich darauf einstellen können, mich zu unterstützen, wenn ich das brauche.

Ich bemühe mich, die Namen der anderen zu lernen oder sie zu fragen, damit ich sie persönlich ansprechen kann. Das gilt auch für die Mitarbeitenden.

Zwei Beispiele:

Ich will hier nicht dazu gehören.

(P., 10 Jahre)

P. macht von Beginn an deutlich, dass er nur in die Geschwistergruppe gekommen ist, weil seine Eltern das wollen. P. hat schon an zwei Seminarreihen teilgenommen. Er kennt einige Kinder und einige Mitarbeitende, aber er kann fast keinen beim Namen nennen.

Hingegen kennen alle P., weil er bei der Lösung von Gruppenaufgaben immer eigene Wege wählt.

P. hat nicht nur das Material für diese Gruppe mit, sondern immer alles, was auch aus den anderen Gruppen ist. Dabei weiß er nicht so genau, was gefragt ist, wenn etwas in der Gruppe gebraucht wird.

P. findet keine Karte für sich, die nicht schon von einem anderen gewollt, besetzt ist.

P. will immer nur um Karten ‚stechen' und immer mit denselben Kindern.

Wenn er verliert, findet er keine andere Ersatzkarte.

P. lässt sich auf Fragestellungen nicht ein und beteiligt sich nicht an Gesprächen.

In den Pausen besetzt P. die Spielzeuge oder auch Bücher, die alle gerne mögen. P. hat ein Geschick, als Erster daran zu kommen und ist beleidigt, wenn andere das auch benutzen möchten. Dadurch entstehende Konflikte können nur durch das Eingreifen eines Mitarbeiters geregelt werden.

Bei Gestaltaktionen macht P. ein Minimum. Und arbeitet in einer Form daran, dass alle mitbekommen müssen, dass er diese Aufgabe nicht mag.

Wenn es eben möglich ist, stört er so, dass ein anderer Weg gefunden werden muss für ihn, sich an dem Tag einzubringen.

Eine beaufsichtigte Auszeit in der Geschwisterbücherei ist für ihn erstrebenswert.

Dass die anderen sein Verhalten bedauern, dass die anderen ihn verstehen möchten, stört ihn weder noch motiviert es ihn, sich einzulassen.

Die anderen Geschwister geben sich immer wieder Mühe, auf P. einzugehen.

Aber irgendwann machen sie auch deutlich, dass es nicht ihr Anliegen ist, immer nur zu hören, dass er nicht da sein will. Sie bitten ihn, das mit seinen Eltern zu regeln.

Nie fragt P. um Unterstützung, wenn er seine Aufgaben nicht lösen kann. Er macht den Eindruck, dass alles nur anstrengend für ihn ist und ihm ohnehin nichts bringt. Von der Gruppe wird er durch andere Teilnehmende nicht ausgeschlossen.

Am letzten Gruppentreffen konnte P. Nicht teilnehmen. P. empfand ein zusätzliches Treffen mit einer Mitarbeiterin als wohltuend.

Er bekam alle Symbole, die noch zur Gruppe gehörten.

Er fragte nicht, wie denn die Gruppe für die anderen zu Ende gegangen sei.

Er wollte wissen, wann eine neue Gruppe startet. Er überlege doch wieder teilzunehmen.

Er kannte das Aushandeln von „Verträgen" als Voraussetzung für eine Teilnahme.

In einem solchen Vertrag können alle Beteiligten Ihre Wünsche äußern, Spielregeln festlegen und Möglichkeiten der Reaktion, falls diese nicht eingehalten werden.

P. beteiligt sich daran einen ‚Vertrag' zu formulieren, seine Wünsche festzulegen.

Ihr habt mich nicht verstanden.
(Thomas, 14 Jahre)

Es dauerte ein Jahr, ein Jahr der Sprachlosigkeit – oder?
Thomas verließ eine Gruppe im Zorn, ohne Worte.
Er hatte sich nicht verstanden gefühlt.
Er wirkte den ganzen Tag über unglücklich, beteiligte sich kaum. Er war bei den Treffen vorher der Fragende, derjenige, der viele Diskussionen ausgelöst und sich ihnen gerne gestellt hat. An diesem Tag wirkte er in sich gekehrt, nachdenklich, erschöpft, lustlos. Daraufhin angesprochen, teilte er demonstrativ mit, dass es ihn sehr gut gehen würde.
Wir alle wussten, dass durch die Erkrankung des Bruders und einer plötzlich vorverlegten Operation – die Mutter musste bei dem Bruder im Krankenhaus bleiben – die Situation alles andere als leicht gewesen war. Er verschloss sich immer mehr. Leider war es das letzte Treffen. Er ging ohne Abschied aus der Gruppe, grußlos.
Ich setzte mich mit unserem und seinem Verhalten innerhalb einer Supervision auseinander.
Am Ende stand mein Entschluss, ihm weiterhin zu zeigen, dass wir ihn nur unterstützen, ihm nicht zu nahe treten wollten.
Thomas hatte bei der Auswahl der Karten immer ein besonderes Motiv bevorzugt.
Immer, wenn ich das Bedürfnis hatte, mich zu melden, schickte ich eine Karte mit diesem Motiv, jeweils in anderer Form.

Der Text beinhaltete keine Aufforderung. Es war lediglich ein Zeichen des an ihn Denkens.

Mehr als ein Jahr danach bat Thomas um einen Termin in der Beratung.

Er kam, blieb zunächst abweisend und erkundigte sich dann, wie ich denn das „damals" empfunden habe und warum ich schreiben würde. Er hatte alle Karten gesammelt.

Wir kamen miteinander ins Gespräch.

Auf dem Tisch standen alle Süßigkeiten, die er bevorzugt hatte. Er nahm nichts.

Er hatte – auch als Symbol – ein bevorzugtes Material, das jetzt als Angebot bereitlag, als Symbol der Verbindung, mit viel Geduld und besonders kniffelig zu lösen.

Damit beschäftigte er sich während des Gesprächs und nahm es mit als Erinnerung nach Hause.

Thomas äußerte den Wunsch, weiter in Kontakt bleiben zu wollen.

Unverwechselbares ICH und gemeinsames WIR

Aus unterschiedlich zusammengesetzten Geschwisterseminaren sollen Worte für sich sprechen, so wie sie
entstanden sind. Als Alphabet, als Assoziation zum
Namen, im Sammeln von Eindrücken.

I	Identifikation, interessiert, irren
C	Chaos, Charme, Caritas
H	Haltung, Hoffnung, hadern
W	Werte, Wandel, Wünsche
I	Integration, Inklusion, Ich
R	Rechte, rufen, richtig

Mein unverwechselbares ICH (Beispiele)
- Interessiert
- schüchtern
- fürsorglich
- korrigierend
- lernfähig
- Frostbeule

Mädchen, 10 Jahre

- nett
- hilfsbereit
- wissend
- interessiert

- offen
- ehrgeizig

Junge, 11 Jahre

- schüchtern
- kreativ
- nachdenklich
- verschlossen
- fantasievoll
- mutig

Mädchen, 7 Jahre

- neugierig
- hilfsbereit
- verrückt
- stylisch
- nett
- musikalisch
- offen

Mädchen, 12 Jahre

- nachfragend
- reiselustig
- nachdenkend
- offen
- flexibel
- planvoll

Mädchen, 14 Jahre

- einzigartig
- lustig
- beharrlich
- einfallsreich
- geschickt
- improvisierend
- nachdenklich

Junge, 12 Jahre

Mein Name – mein Programm – meine Geschwister

P	Problem
A	Ausgeschlossen
T	Toleranz
R	Ruhe
I	Ignoriert, ignorant
C	Chaos
K	Konkurrenz

C	Chaos
A	Allein
R	Ratlos
I	Integration
N	Nebenrolle
A	Angst

P	Position
A	Ausgeschlossen
U	Unbeachtet
L	Liebe

M	Mut
A	Angst
L	Loben
I	Innen
N	Nerven

L	Leiden
I	Interessiert
N	Nachdenken
D	Durchhalten
A	Achtung

Was macht das WIR aus?
(Rückmeldungen nach einer Seminarreihe)

- Wir sind alle Geschwister von Kindern, die anders sind.
- Jeder bringt eine persönliche Geschichte mit und doch haben alle etwas Gleiches.
- Jeder ist nicht gleich, aber gleich viel wert.
- Man wird hier so akzeptiert wie man ist.

- Das behinderte Geschwisterkind wird hier nicht beleidigt.
- Wir sind hier alle so, wie wir sind, und müssen uns nicht verstellen.
- Es gibt eine Struktur. Der Rahmen ist für alle gleich, aber trotzdem ist alles individuell, passt für den Einzelnen. Das hat viel mit Gerechtigkeit zu tun.
- Man findet hier die Worte, sodass man verstanden wird.
- Es bedeutet Freiheit, dass man über alles reden kann.
- Man kann alles sagen und lernt viel Neues.
- In der Schule kann man über solche Dinge nicht reden, weil man nicht verstanden wird.
- Hier sind wirklich alle gleichwertig.
- Hier ist Sicherheit, dass man nicht ausgelacht wird.
- Ich bekomme Hoffnung. Ich muss weiterkämpfen, aber ich bin nicht allein.
- Hier kann man besser über alles reden als mit anderen, die keine behinderten Geschwister haben.
- Hier merkt man, dass man nicht allein ist.
- Ich weiß so, dass es anderen ähnlich geht.
- Ich weiß, dass es anderen ähnlich geht, und ich merke dadurch, dass ich meine Geschwister nicht aufgeben soll.
- Ich kann über alles reden, deshalb gehöre ich dazu.

- Ich bin nicht der Einzige, der ein behindertes Geschwisterkind hat.
- Hier finde ich Ruhe und keinen Streit.
- Ich finde hier Geborgenheit. Ich kann auf etwas aufbauen. Es ist eine offene Gruppe.
- Ich kann nur hier über meine Probleme reden.
- Ich kann versuchen so zu reden, dass ich verstanden werde.
- Ich kann alles sagen und bin sicher, dass ich nicht ausgelacht werde.
- Ich bin nicht die Einzige, die so viele Fragen durch den Bruder hat.

Selbst auf einem Seminar mit Geschwistern im Alter von 6-66 Jahren, dem ‚Generationen- oder Mehrgenerationenseminar', konnte das Gefühl eines gemeinsamen Wir entstehen.
Die verschiedenen Altersgruppen sollen im Originaltext zu Wort kommen.

Das Generationenseminar hat uns einen intensiven Austausch, in einer völlig neuen Art, ermöglicht. Interessant war zu sehen, welche Faktoren eine Rolle bei den persönlichen Fragestellungen spielen. Manche Fragen sind gleich, andere sind unterschiedlich.
Das Alter spielt manchmal eine große Rolle: Einige Fragestellungen lösen sich und andere entwickeln sich erst. Jedoch gibt es auch einige, die einen das ganze Leben lang begleiten.

Auch eine wichtige Rolle spielt das Alter, in dem man begonnen hat, sich aktiv mit seiner Situation auseinanderzusetzen, und wie lange und intensiv diese Auseinandersetzung bereits andauert. Ebenfalls erkennt man an den Fragestellungen die Kontinuität der Aufarbeitung, da diese essentiell für einen dauerhaften Prozess der Selbstfindung ist.

Einzigartig hat das Seminar unter anderem die Gleichwertigkeit aller, trotz erheblicher Altersunterschiede, gemacht.

Diese Altersunterschiede machten es uns möglich, viele Fragestellungen und Situationen aus unterschiedlichen Perspektiven zu betrachten und hiervon zu profitieren. Die Jüngeren von den Älteren sowie die Älteren von den Jüngeren. Es war wichtig und für uns alle selbstverständlich, dass sich alle aufeinander eingelassen und als gleichwertig akzeptiert haben. Bemerkenswert war die Reife, die alle Teilnehmer in der Arbeit mit unserer Arbeit an den Tag legten.

Diese ist auf die Vorerfahrung in der Arbeit zurückzuführen. Wünschenswert wäre es, dass die Erfahrungen, die wir gewinnen konnten, in zukünftige Projekte einfließen und das Angebot für Geschwisterkinder somit verbessern.

Wichtig ist, dass die Projekte große Altersspannen umfassen, damit die verschiedenen Perspektiven gewährleistet sind.

Geschwisterrat, www.Geschwisterbuecherei.de
(16, 17 Jahre)

Was habe ich für mich hier erfahren?

Wir haben erwachsene Geschwister kennengelernt, die früher oder auch zum jetzigen Zeitpunkt eine Geschwistergruppe besucht haben. Trotz des Altersunterschieds versteht man sich gut. In einigen Geschichten hat man seine eigene Situation wiedergefunden und sich selbst damit identifizieren können.

Wir werden ernst genommen, auch von Erwachsenen.

Man muss sich nicht schämen, wenn man etwas erzählt.

Wir können uns ohne viele Worte verstehen bzw. verstanden werden.

Erwachsene mit behinderten Geschwistern respektieren uns genauso. Es ist nicht schwer, mit Erwachsenen über Probleme zu reden, weil sie uns durch ihre Situation gut verstehen.

(Gruppe der Mädchen, 12-14 Jahre)

Von den erwachsenen Geschwistern auf dem Generationenseminar haben wir erfahren, dass weder ich noch meine Generation in dieser speziellen Situation mit einem Geschwisterkind allein ist. Weil uns von den Älteren über ihr Leben erzählt wurde und wir dadurch erfahren haben, dass auch erwachsene Geschwister sich mit dieser Lebenssituation auseinandersetzen.

Es gibt Unterschiede zwischen erwachsenen und jüngeren Geschwisterkindern: Die erwachsenen entscheiden sich freiwillig für eine Teilnahme, während die Kinder eher über die Eltern von den Seminaren erfahren und infolgedessen mehr oder weniger freiwillig daran teilnehmen.

Beide Gruppen haben gemeinsam, dass sie ihr ganzes Leben lang Geschwisterkind sind.

Wir haben dadurch erfahren, dass unsere Geschwister ihr ganzes Leben uns als Schwester, Bruder brauchen werden.

Außenstehende sollten verstehen, dass auch wir Kinder sind, die normal behandelt werden wollen (kein heuchlerisches Mitleid). Wir wollen nicht anhand unseres behinderten Geschwisterkindes bewertet werden.

Diese Art der Seminare hilft uns dabei, unsere Lebenssituation objektiver zu sehen, indem wir andere und doch ähnliche Lebenssituationen kennenlernen. Alle auf dem Seminar haben bestimmte Erfahrungen mit Behinderungen oder Erkrankungen, dadurch können wir voneinander lernen, indem wir uns austauschen.

(Gruppe der Jungen, 10-13 Jahre)

Rückmeldungen der Jüngsten (6, 7 Jahre):
- Das Vorstellen der Familie mit den Figuren war für mich wichtig und ich habe meine Familie vor mir gesehen. Das Aussuchen der Karten hat mir gut gefallen und auch das Vorstellen der Teilnehmer, was sie zu den Karten gesagt haben.
- Es war auch schön, ein Zimmer für mich allein und mit Dusche zu haben.
- Von den anderen Kindern habe ich einiges gelernt, wie sie mit ihren Geschwistern leben. Die

Gruppenarbeit und die Leuchtsymbole fand ich toll.

- Mit unseren Geschwistern und Freunden reden wir nicht über den Inhalt des Seminars. Sie verstehen es nicht. Unseren Eltern berichten wir, dass es hier schön war und wir gerne wiederkommen möchten.

Gedanken der Erwachsenen (20 – 58 Jahre)

- Ich teile meine Themen mit anderen Geschwistern.
- Ich war erstaunt, dass ich auch Themen, von denen ich dachte, sie wären nur meine, bei anderen wiederfand.
- Wir waren hier angenommen, so wie wir sind, ohne Erklärung.
- Es war ein offener Austausch mit verschiedenen Altersgruppen.
- Wir haben gemeinsam ALLES erlebt, verschiedene Lebenssituationen getragen (Trauer).
- Es gab eine Verbundenheit mit allen, unabhängig vom Alter.
- Die Lebenssituationen waren alle vergleichbar.
- Durch den Kontakt mit den jüngeren Geschwistern bekommt man einen anderen, neuen Zugang, einen schärferen, klaren Blick für sich selbst.
- Wir haben uns auseinandergesetzt mit der Frage, was gewesen wäre, wenn wir früher Kontakt mit Seminaren bekommen hätten.

- Die immer wieder anderen Methoden (Vorstellen der Familien) helfen uns immer wieder, einen anderen Zugang und neuen Blickwinkel auf unsere Lebenssituation zu gewinnen.
- Die Geschwisterseminare sind für uns wichtig zur eigenen Stärkung.
- Unsere Lebenssituation soll respektiert und nicht verurteilt werden.
- Ich beginne jetzt eine neue Auseinandersetzung mit der Beziehung zu meiner Schwester, zu meinem Bruder.
- Wir müssen immer noch lernen, den Eltern zu vermitteln, dass auch wir ein Rückzugsbedürfnis haben.
- Wir müssen besser lernen, auf Signale zu hören.
- Durch die Seminare bekommen die Symbole Bedeutung, auch zu Hause.

Antworten / Ergebnisse aus dem Seminar
Erlebnisse – Erfahrungen – Erklärungen – Erkenntnisse –
Erinnerungen
Geschwister stellen Fragen und suchen gemeinsam nach
Antworten
Seminar mit Geschwistern von Menschen mit Behinderungen, Beeinträchtigungen, chronischen und lebensverkürzenden Erkrankungen aller Altersgruppen
(Kinder, Jugendliche, Erwachsene)
vom 17.-19.10.2014 im Niels-Stensen-Haus, Lilienthal-Worphausen

Geschwister verbindet etwas Gemeinsames. Sie haben eine Basis miteinander, auch wenn sie sich nicht gut kennen. Und dennoch hat jeder Mensch den Wunsch, einzeln gesehen zu werden, als Individuum mit seiner einzigartigen Geschichte.

Das Wort Geschwister setzt sich aus vielen einzelnen Namen zusammen, die stellvertretend stehen für die Besonderheit einer jeden Schwester, eines jeden Bruders.

Ein Wort, das für Geschwister eine besondere Bedeutung hat und in jeder Lebenssituation neu buchstabiert werden muss, ist Gerechtigkeit.

G	Glauben
E	Eltern
R	Rechte
E	Entscheidungen
C	Chancen
H	Hilfe, haben
T	Toleranz
I	Interesse
G	Geständnisse, Gleichwertig
K	Kinder, kämpfen, Krieg
EI	Eigenverantwortung, Eifersucht
T	Traurigkeit

G	Gruppe
E	Eifersucht, ehrlich
R	Recht, Rache
E	Ehre, echt
C	Charakter
H	Hilfe, Hoffnung
T	Toleranz
I	Integration
G	Gabe
K	Kampf, Krieg
E	Ehrlichkeit
I	Information
T	Trauer

G	Gleichwertigkeit, großartig
E	Einsatz, ergänzen
R	Rollstuhl
E	Einklang
C	Chancengleichheit, cool
H	Hilfe
T	Toleranz
I	Integration
G	Gemeinschaft
K	Kinder
E	Einigkeit
I	Interessenkonflikt
T	Toll

(Beispiele aus einem Geschwisterseminar, 6 – 16 Jahre)

Man wird verschoben wie ein Termin

Es gibt Zeiten im Leben, da bleibt die Zeit stehen.
Es gibt Zeiten, in denen eine Erkrankung, eine Behinderung und die Fragen nach Behandlungsmöglichkeiten, Überleben und der Bewältigung eines Alltags eine solche Priorität haben, dass nichts anderes, kein anderer gesehen werden kann.
Dem Leben standzuhalten, ist oftmals eine solche Herausforderung, dass nicht mehr wahrgenommen werden kann, was im Leben sonst noch passiert.
Es gibt Zeiten im Leben, in denen wir mit unseren Gedanken so beschäftigt sind, dass wir die Worte anderer nicht hören können, dass sie bei uns nicht ankommen.

Das eigene Leben zu leben, fordert alle Menschen heraus. Eltern von Kindern mit Behinderungen, Beeinträchtigungen, chronischen oder lebensverkürzenden Erkrankungen erleben Zeiten von Herausforderung, Anforderungen, Überforderungen in ihrer Wahrnehmung häufiger als andere.
Niemandem steht ein Urteil darüber zu.
Die Kapazitäten eines Menschen zur Bewältigung des Alltags und die Kraft, sich Fragen zu stellen, lassen sich von außen nicht beurteilen.

Die folgenden Beispiele mögen daher so gelesen werden, wie es jedem möglich ist mit seiner Sichtweise, seinem Zugang zu den Fragestellungen und Zeiten eines herausfordernden Lebens, zu seiner Fähigkeit, unterschiedliche Facetten zu erkennen.

„Man wird verschoben wie ein Termin."
(Junge, 11 Jahre)

Wie wichtig bin ich? Wie wichtig sind meine Anliegen und Termine?
Diese Fragen stellen sich alle Geschwister.

In jeder Geschwisterbeziehung hat der Kampf um die Aufmerksamkeit der Eltern einen besonderen Stellenwert, unabhängig von einer Behinderung, Beeinträchtigung, chronischen Erkrankung.
Gefühle wie Eifersucht und Neid bestimmen die Konkurrenz unter Geschwistern.
Mit einem Geschwisterkind mit Behinderung, Beeinträchtigung, einer chronischen und lebensverkürzenden Erkrankung können und wollen Geschwister nicht konkurrieren.
Es ist, wie es ist, sagen Geschwister.
Eltern möchten allen Kindern möglichst gerecht werden können. Das ist in jeder Familie ein Spagat zwischen allen Familienmitgliedern, den eigenen Ansprüchen und dem Anspruch an ein gemeinsames Familienleben.
In vielen Aussagen von Kindern und Eltern spiegeln sich dieser Anspruch, die Einsicht und doch die Ambivalenz der Gefühle wider.

„Ich kann nicht mit jemandem konkurrieren, der nichts dafür kann, dass er so ist wie er ist und mehr zum Leben braucht."
(Mädchen, 11 Jahre)

„Egal, was passiert, die Bedeutung von meinem Bruder kann ich nie bekommen."
(Mädchen, 13 Jahre, Schwester eines Bruders, der mit den Folgen einer Lebertransplantation leben muss)

„Meine Eltern sind auf Christian gepolt. Sie stellen ihr ganzes Leben auf Christian ein. Ich komme in die Zwischenräume, in denen meine Eltern sich nicht um Christian kümmern.
Das ist schon lange so. Jetzt, da Christian nicht mehr zur Schule geht, sondern eine Tagesstätte besucht, werden diese Zwischenräume größer. Meine Eltern wollen Dinge mit mir unternehmen. Doch das passt jetzt nicht mehr. Ich bin älter und verbringe meine Zeit lieber mit Freunden, als mit meinen Eltern. Das zu akzeptieren, fällt ihnen aber sehr schwer.
(Tom, 2012, 15 Jahre)

„Mein behindertes Kind ist ein Aufmerksamkeitsverbraucher. Ich habe nur eine begrenzte Kapazität. Wenn diese am Tag verbraucht ist, kann das Geschwisterkind kommen, mit was es will, ich kann einfach nicht mehr."
(Vater von Kindern, von denen eins mit einer Hämophilie lebt)

Aussagen von erwachsenen Geschwistern auf einem Seminar:

„Ich kann mich nie auf die Versprechen meiner Eltern verlassen. Es kann immer irgendetwas dazwischen kommen, was mit meiner Schwester zu tun hat."

„Simone kann ihre Wünsche äußern und darf Pläne kurzfristig umändern, ich mach dies einfach nicht, muss mich aber darauf einstellen. Simone hat ‚die Herrschaft' über die Zeitplanung der anderen Familienmitglieder."

„Das Programm wird – zumindest wenn möglich – an den ‚vermeintlichen Willen' von Ronja angepasst."

„Es kann alles geplant werden, wenn Alexander etwas anderes benötigt, wird der Plan umgeworfen."

Ein Beispiel aus der Literatur:
Jodi Picoult: Beim Leben meiner Schwester
Verlag Piper, München, 5. Auflage 2005, Seite 198 ff.

„Mom?" Jesse kommt ins Wohnzimmer, wo ich auf der Couch sitze, schon seit Stunden. Ich schaffe es einfach nicht, aufzustehen und meine normalen Pflichten zu erfüllen. Was bringt es denn noch, Lunchpakete für die Schule zu machen oder eine Hose auszubessern oder die Heizölrechnung zu bezahlen?

„Mom", sagt Jesse wieder. „Du hast es doch nicht vergessen, oder?"

Ich blicke ihn fragend an: „Was?"

„Du hast gesagt, wir gehen neue Fußballschuhe kaufen, wenn wir beim Zahnarzt waren. Du hast es versprochen!"

Ja, stimmt. Das Fußballtraining geht nämlich in zwei Tagen wieder los, und Jesse ist aus dem alten Paar rausgewachsen. Aber im Augenblick kann ich mich nicht aufraffen, zum Zahnarzt zu gehen, wo die Sprechstundenhilfe Kate anlächeln und mir wie jedes Mal sagen wird, was für hübsche Kinder ich habe. Und auch der Gedanke, anschließend in ein Sportgeschäft zu gehen, kommt mir geradezu obszön vor.

„Ich sage den Zahnarzttermin ab", sage ich.

„Cool!" Er lächelt, seine silberne Zahnspange glänzt. „Dann gehen wir nur Fußballschuhe kaufen?"

„Jetzt nicht."

„Aber –"

„Jesse, keine Diskussion."

„Ich kann nicht spielen, wenn ich keine neuen kriege: Und du machst ja sowieso nichts. Du sitzt bloß rum", sagt Jesse.

„Deine Schwester", sage ich ruhig, „ist unglaublich krank. Es tut mir leid, wenn das mit deinem Zahnarzttermin und deinem Plan, Fußballschuhe zu kaufen, kollidiert. Aber solche Dinge stehen zurzeit nun mal nicht ganz oben auf der Dringlichkeitsliste. Mit deinen zehn Jahren müsstest du langsam groß genug sein, um zu wissen, dass sich nicht immer alles nur um dich dreht."

Jesse blickt zum Fenster und sieht, dass Kate auf einem Aste in der Eiche sitzt und Anna Tipps gibt, wie sie hochklettern soll. „Ja, klar, sie ist total krank", sagt er. „Du bist doch schon groß. Du müsstest doch eigentlich wissen, dass sich nicht immer alles nur um dich dreht."

Zum ersten Mal im Leben kann ich nachvollziehen, wie es kommt, dass Eltern schon mal die Hand ausrutscht – wenn sie nämlich ihren Kindern in die Augen schauen und ein Bild von sich darin erblicken, das sie lieber nicht sehen würden. Jesse läuft nach oben und knallt die Tür seines Zimmers zu.

Ich schließe die Augen, hole ein paar Mal tief Luft. Und dann kommt mir ein Gedanke: Nicht alle Menschen sterben an Altersschwäche. Manche werden von einem Auto überfahren. Manche stürzen mit dem Flugzeug ab. Manche ersticken an Erdnüssen. Es gibt für nichts eine Garantie, am allerwenigsten für die Zukunft.

Mit einem Seufzer gehe ich die Treppe hoch und klopfe an die Tür meines Sohnes. Er hat vor Kurzem Musik entdeckt. Sie dröhnt durch den dünnen Lichtspalt unter der Tür. Als Jesse die Stereoanlage leiser dreht, werden die Klänge schlagartig dumpf. „Was ist?"

„Ich möchte mit dir reden. Ich möchte mich entschuldigen."

Ich höre Schlurfen auf der anderen Seite der Tür, und dann wird sie aufgerissen. Jesses Mund ist voller Blut, der Lippenstift eines Vampirs. Drahtenden ragen heraus wie Abstecknadeln einer Näherin. Ich sehe die Gabel in seiner Hand und begreife dann, dass er sich damit die Spange heraus gerissen hat.

„Jetzt musst du mit mir nirgendwo mehr hin", sagt er.

Das Logo soll zeigen, dass alle Menschen auf gleicher Höhe sind, also gleich viel wert sind, auch wenn sie auf unterschiedlichen Stufen der Entwicklung stehen. Es ist ein Versuch der Umsetzung einer Aussage von Janusz Korczak:

„Das Kind wird nicht erst Mensch, es ist schon einer."

Und für die Geschwister von Kindern mit Behinderung, Beeinträchtigung, chronischen und lebensverkürzenden Erkrankungen war es ganz wichtig, diese Aussage so umzusetzen, dass sie auf derselben Stufe stehen wie ihre Geschwister mit Behinderung, gleich viel wert sind, auch wenn die Geschwister mehr Aufmerksamkeit brauchen.

Wie leben Geschwister ihr Ringen um ihre Bedeutung? Sie möchten sie manchmal bestätigt wissen, finden aber kaum eine direkte Form das anzusprechen.

Und wie können Eltern und Begleitende darauf reagieren, wenn sie hinter den Aktionen verstanden haben, was die eigentliche Aussage ist?

Nur einige Beobachtungen:

„Meine Termine sind abhängig von der Betreuungsmöglichkeit für meine Schwester", sagt ein 13-jähriger Junge, „aber ich will einfach, dass meine Mutter mich bringt. Ich könnte auch alleine kommen, aber ich will nicht."
Die Mutter versteht. „Ich muss meine Tochter zu allen möglichen Therapien bringen, zu Ärzten, und da muss ich immer mit warten. Ich kann sie ja nicht allein lassen. Warten muss ich für Andreas ja nicht. Ich kann einkaufen gehen und dann machen wir im Anschluss noch etwas zusammen, ein Eis essen oder so. Das ist schon in Ordnung. Und eigentlich ist es doch leicht, wenn ich ihm so zeigen kann, dass sein Termin auch wichtig ist für mich."

Felicitas, 11 Jahre, besteht ebenso darauf, zu ihrem Termin bei mir gebracht zu werden.

Die Mutter muss im Nebenraum warten. „Ich will, dass sie mal nur an mich denkt."

Eine Mutter schreibt: „Nennen Sie mir einen Termin, ich mache das dann möglich. Ich sehe, dass meinem Kind das gut tut. Und da kann ich mich doch auch einmal darauf einstellen.

Als ich das erste Mal da war und warten musste, ist mir bewusst geworden, dass ich mich in der Zeit tatsächlich nur mit diesem Kind befasse. Das war nicht nur angenehm für mich. Im Alltag habe ich nicht genug Zeit dafür. Ich weiß aber, dass es meiner Tochter gut tut, hier zu sein. Und inzwischen können wir im Anschluss auch ohne Probleme kurz etwas gemeinsam machen. Sie betrachtet die Fahrzeiten auch als ihre Zeiten. Das tut mir gut."

„Zur Geschwistergruppe muss ich immer mit anderen Eltern fahren. Das ist praktischer, sagt meine Mutter, dann geht nicht so viel Zeit verloren. Sie holt mich auch nicht ab. Ich kann ihr hier nie etwas zeigen. Dann erzähle ich zu Hause auch einfach nichts, und sie meint, ich sei bockig."
(Junge, 9 Jahre)

„Meine Eltern haben mich angemeldet. Und jetzt können sie es nicht schaffen, mich zu bringen oder auch

jemanden anderes zu fragen. Wie wichtig bin ich denn?"
(Mädchen, 12 Jahre)

Die Eltern teilen mit: „Wir schaffen es nicht."

„Ich möchte unbedingt, dass mein Sohn weiter in die Geschwistergruppe kommt. Er möchte es nicht mehr und meint, seinen Weg gefunden zu haben. Dabei ist er erst 7 Jahre. Ich würde wollen, dass ich ein solches Angebot für mich hätte! Was soll ich machen?"

Wie soll ein Kind es schaffen, seinen Weg zu finden, wenn die Mutter für sich einen solchen Raum nicht findet? Ein Kind bremst sich manchmal in seiner Entwicklung, wenn es mehr Möglichkeiten hat als die Eltern.
Es ist auch die Ambivalenz der Mutter, die das Kind spürt, es möchte sich nicht entfernen.

Anfragen von Terminen:

Eine Mutter fragt per Mail an, ob sie einen Termin für ihre Tochter haben kann, die ich aus einem Seminarangebot kenne. Sie wollte damals nicht mehr zur Gruppe, jetzt aber sei es dringend nötig. Sie habe so sehr an Selbstbewusstsein verloren, ihre schulischen Leistungen ließen nach. Sie traue sich alleine nichts mehr zu. Sie wisse nicht mehr, was sie machen könne.

Die Anfrage kam in der Ferienzeit, und ich antwortete gleich, dass ich in der kommenden Woche noch einen Termin habe, an dem sie gerne kommen könne. (Fahrzeit: 30 Minuten).

Es kam keine Antwort.

Nach etwa 8 Tagen fragte ich nach. Ich bekam keine Antwort. Ich fragte einmal wöchentlich nach, die Ferien waren inzwischen längst vorbei.

Nach circa vier Wochen erhielt ich (auf die dringende Anfrage) einige Terminvorschläge der Mutter, die erst nach einem Zeitrum von weiteren vier Wochen lagen.

Wir vereinbarten einen Termin und ich fragte, warum sie nicht schneller geantwortet habe. Sie habe nicht so schnell mit einer Antwort von mir gerechnet, antwortete sie.

Zum vereinbarten Termin kam sie mit allen drei Kindern (ohne Ankündigung), einer jüngeren Schwester und dem älteren Schwester mit Behinderung. Ich setzte durch, wie gewohnt, zunächst mit dem Kind allein zu sprechen, für dessen Beratung angefragt wurde. Ich konnte dabei an Erfahrungen anknüpfen, Fragestellungen besprechen. Als sie wieder zur Mutter ging, war sie sehr erfreut über die positive Reaktion des Kindes.

Ich sprach auch noch mit der Schwester, während die Mutter in einem anderen Raum mit den Kindern spielte. Wir vereinbarten gleich einen weiteren Termin. Der wurde verschoben und weitere auch – ich habe das Kind nie wieder gesehen, und jede Karte an das Kind blieb unbeantwortet.

Was durfte da nicht sein, sich nicht entwickeln?, frage ich mich noch heute.

Alle Eltern rieten der Mutter, Kontakt zu mir aufzunehmen. Die Tochter solle prüfen, ob sie bereit sei, mit den anderen Kindern, die sie aus der Gruppe kannte, auch in die Geschwistergruppe zu kommen. Sie habe so wenig Selbstbewusstsein, stelle ihre Anliegen immer hinter die des Bruders. In der Schule traue sie sich nicht, sich zu melden, darüber mit ihr reden möchte sie nicht.

Sie haben ihr gesagt, dass man sich in einer Geschwistergruppe ‚auskotzen' könne, ihre Antwort sei gewesen, kotzen könne sie zu Hause auch.

Ob ich dennoch bereit sei, einen Termin zu vereinbaren, in den Ferien, wenn der Bruder auf einer Freizeit sei, nicht zu früh am Morgen, damit sie ausschlafen könne, auch nicht am Nachmittag, denn dann wollten sie noch gemeinsam etwas unternehmen.

Ich ließ mich auf die gewünschten Rahmenbedingungen ein. Der Ort und die Zeiten wurden bestätigt.

Ich wartete vergeblich, eine Stunde lang.

Später hörte ich auf dem Anrufbeantworter in meiner privaten Wohnung die Stimme einer empörten Mutter, die sich über meine Unzuverlässigkeit beschwerte.

Sie war zur falschen Zeit am falschen Ort!

„Ich habe keine eigenen Erlebnisse. Ich teile alles mit meiner Zwillingsschwester."
(Mädchen, 9 Jahre)

Ein Beratungstermin durfte nicht wahrgenommen, das Seminar nicht weiter besucht werden.

„Ich kann nur zum Reiten, wenn meine Schwester dort auch einen Termin hat."
(Mädchen, 11 Jahre)

„Wenn ich alleine mit meiner Mutter zum Reiten fahre, sieht sie mir nie zu. Sie geht dann zum Einkaufen. Ich kann ihr nicht erklären, dass sie bei mir auch mal dabei sein soll. Bei meinem Bruder ist sie das immer."
(Mädchen, 9 Jahre)

„Meine Mutter hat meine Termine nicht klar. Sie bringt mich wohin, aber es ist gar kein Sport. Und dann muss ich warten, bis sie Zeit hat mich abzuholen."
(Mädchen, 10 Jahre)

„Meine Eltern kommen sowieso zu spät."
(Junge, 11 Jahre)

„Ich möchte nicht, dass meine Schwester meinen geschützten Raum kennenlernt. Meine Eltern drängen darauf. Vielleicht darf ich nicht mehr kommen, wenn ich nicht nachgebe?"
(Junge, 8 Jahre)

Die Gesprächstermine für Geschwister müssen so vereinbart werden, dass es für die Eltern passt, kein großer Aufwand ist, mit den Terminen anderer Geschwister abzustimmen ist, am besten alles nur ein Weg ist.

Auch Telefonate – am besten am Abend und möglichst nur an einem bestimmten Tag in der Woche.
Die Sicht eines Geschwisterkindes:
Beim Arzt und/oder Therapeuten für meine Schwester, meinen Bruder machen meine Eltern alles möglich, verreisen, bringen uns unter bei Nachbarn, Freunden oder den Großeltern oder wir müssen mit, wenn alle nicht können.

Um die Bedeutung der Termine für Geschwister zu unterstreichen, empfehle ich manchmal, einen Termin in der Schulzeit am Vormittag zu machen. Die Geschwister haben mich manchmal darum gebeten, sehen das als Anerkennung und fühlen sich geschätzt. Eltern haben Sorge um die Leistungen.

„Ich möchte, dass mein Kind andere Menschen kennenlernt, die sich für seine Erfahrungen interessieren. Ich stelle mich darauf ein, wenn ein Termin möglich wird."
(Mutter)

„Wir sind in einer schwierigen familiären Situation. Wie ist es möglich, einen Termin zu bekommen? Wie möchten Sie den Termin gestalten? Sollen alle kommen oder nur die Geschwister?"
(Vater)

Weitere Beobachtungen und Erfahrungen

Wenn ein Geschwisterkind am Tag einer Geschwistergruppe gleichzeitig eine Einladung zu einem Ge-
burtstag hat, tun Eltern sich enorm schwer mit einer
Entscheidung. Sie möchten es den Mitarbeitenden
überlassen zu entscheiden, was möglich ist, ohne dass
ein wichtiger Programmpunkt verloren geht.
Das ist nicht zu leisten.
Viele Eltern teilen auch nur mit, dass sie ihr Kind früher
abholen werden. Kinder machen dann häufiger die
Erfahrung, dass es nicht einfach ist, wenn man zwei
Erlebnisse gleichzeitig haben möchte. Diese Einsicht
gilt für alle Menschen.

„Ihr wisst doch, dass mein Kind wiederkommen will.
Warum muss ich dann erneut eine Anmeldung schi-
cken?"
(Vater)

„Ich konnte nicht mitteilen, dass wir später kommen.
Mein Server war kaputt, mein Guthaben beim Handy
leer."
(Mutter)

„Das hier heute ist mein Termin. Ich darf mir ja eine
Erinnerung, ein Symbol aussuchen.
Muss ich meinem Bruder etwas mitnehmen? Das ist für
meine Mutter leichter."
(Junge, 9 Jahre)

Ein außergewöhnliches Erlebnis:
Die Mitarbeiter müssen kurzfristig einen Termin für ein Seminarwochenende absagen, weil das Tagungshaus keinen Tagungsraum für diese Gruppe eingeplant hat, wovon das Team erst bei seiner Ankunft erfährt. Alle Versuche, auf die Schnelle im Ort einen anderen Raum zu finden, scheitern. Es muss abgesagt werden. Die Eltern sind erbost, schicken später empörte Mails. Es wird nicht gesehen, dass wir diese Absage nicht verursacht haben und ebenso betroffen sind.

Erst später erklärt eine Mutter: „Wir müssen manchmal den Geschwistern Termine absagen, weil es nicht anders geht. Jetzt waren wir alle auf das Wochenende eingestellt. Ihr dürft das einfach nicht machen, wir müssen uns auf euch verlassen können."

Worüber auch nachgedacht werden sollte

- Wenn Kinder aus Trennungsfamilien kommen und nur ein Elternteil der Begleitung zustimmt;
- wenn und wie Kinder dann gebracht oder abgeholt werden.
- Kinder, die nur einmal teilnehmen;
- wenn Kinder unbedingt wiederkommen wollen, das aber nicht dürfen;
- wenn Kinder in ein Geschwisterangebot kommen müssen, weil die Eltern es wollen, sie aber nicht zugestimmt haben;

- Abbrüche von Begleitungen ohne Abschluss, ein Kind bleibt einfach weg, eine Klärung ist nicht möglich, ein Abschied von dem Kind auch nicht;
- Kinder, die Seminare besucht haben, nehmen als Jugendliche nach Jahren wieder Kontakt auf;
- wie können in Familien Zeiten überbrückt werden, wenn ein Geschwisterkind im Krankenhaus ist;
- wenn beide Eltern im Schichtdienst arbeiten, auch am Wochenende;
- wenn Eltern die Orte nicht kennen, die den Geschwistern wichtig sind;
- wenn Familien aus anderen Kulturkreisen kommen und die Eltern skeptisch sind, was denn die Geschwister in einem solchen Seminar erfahren können.

Terminvereinbarungen und Terminverpflichtungen von Kindern

„Bitte nur an dem Tag, an dem er am Nachmittag eine AG hat, die er nicht mag."
„Es darf nichts Wichtiges ausfallen. Der Termin muss vor dem Fußballtraining liegen, das ist dann eine Fahrt."

„An diesem Tag geht es leider nicht, da haben wir unseren vereinbarten terminfreien Familientag."

Was machen Sie, wenn eine Mutter vor Ihnen steht, ein Baguette unter dem Arm, ein 7-jähriges Kind an der Hand: „Ich habe vergessen, meine Tochter anzumelden, sie will das einfach kennenlernen."
Vorher haben Sie 40 Absagen für diese Gruppe mit sechs verbindlichen Terminen geschrieben!
Wir haben das Kind nicht weggeschickt. Ungerecht!?
Die Terminvereinbarungen blieben mühsam. Die Eltern waren beide berufstätig und viel im Ausland unterwegs. Das Kind hatte nach Jahren alle Postkarten aus der Gruppe, alle Symbole und kannte alle Namen!

„Ich muss nicht kommen, Sie müssen das Kind nicht sehen, geben Sie mir Tipps."
(Mutter am Telefon)

Eine Mutter fragt nach einem Vortrag, ab wann ihr jetzt 4-jähriger Sohn an Seminaren teilnehmen kann. Zwei Jahre später meldet sie ihn an, bittet um zusätzliche Unterstützung in besonders schwierigen Situationen.

Eine Mutter beschreibt das Verhalten ihres Sohnes in ausführlichen Mails. Sie bittet um ein Telefonat. Sie kann Zeiten angeben und einhalten.
Eine Mutter beschreibt das Verhalten ihres Sohnes in einer ausführlichen Mail, bittet um einen Termin für sich selbst und für ihren Sohn. Auf Terminvorschläge wird nicht mehr geantwortet.

Eine Mutter schreibt, dass ihre Tochter im Moment keine Begleitung brauche, es laufe alles rund. Ich weise darauf hin, dass eine gewisse Anzahl an Gesprächen vereinbart war, um die Situation zu stabilisieren. Sie lehnt die Termine ab. Bei einem Anruf in einer plötzlich auftretenden Krisensituation bittet sie um einen zeitnahen Termin.

Manchmal frage ich mich, zu welchen Zeitpunkten Eltern Mails schreiben und wann sie möchten, dass eine Reaktion kommt.

Ich kann gut nachvollziehen, dass Eltern über Termine bestimmen wollen. Sie erleben in Terminen viele Abhängigkeiten von behandelnden Fachleuten der Kinder mit Behinderungen und Erkrankungen.
Doch bei aller Bereitschaft des Entgegenkommens und Eingehens auf ihre Wünsche gibt es Grenzen von allen Beteiligten.

„Muss ich erst krank werden, um genauso wichtig zu sein wie mein Bruder?"
(Mädchen, 11 Jahre)

Jeder muss seinen Weg finden

Haltung
Die Einstellung zu Fragen des Lebens, Werten, Sinn, Menschenrechten, zu politischen und gesellschaftlichen Entwicklungen, insbesondere bezogen auf die Fragen, die das Leben von Menschen mit Behinderungen, chronischen und lebensverkürzenden Erkrankungen betrifft.
Das Erkennen dieser Auseinandersetzungen als Herausforderung für die eigene Lebensgestaltung.
Die Überzeugung, dass jeder Mensch sich den Anforderungen stellen muss und seinen Weg damit findet.

Hoffnung
Hoffnung ist ein motivierendes und Kraft gebendes Gefühl. Es ist eines der wichtigsten Dinge im Leben, da es einen nicht aufgeben lässt und sogar einen zuversichtlichen Blick in die Zukunft ermöglicht. Hoffnung ist in der Arbeit mit Geschwisterkindern eine Grundlage, da diese oft hoffnungslos sind und aufgeben wollen. Ihnen muss das Gefühl der Hoffnung wiedergegeben werden, sodass auch sie mit einem positiven Blick nach vorne schauen können. (Hauke)

Im Geschwisterrat wird immer wieder diskutiert, welche Grundlagen von Wissen, Auseinandersetzung, Möglichkeiten von Gestaltung Menschen haben sollten, die für eine Lebensführung in den Augen der jugendlichen Geschwister notwendig sind.

Haltung und Hoffnung sind für sie die wichtigsten Eigenschaften, verbunden mit der Überzeugung, dass Menschen ihren eigenen Weg finden können im Umgang mit einer Erkrankung oder Behinderung, mit allen Konsequenzen für ihr Umfeld.

Das betrifft in erster Linie auch alle Familienmitglieder. Es ist ihnen wichtig zu betonen, dass in der Familie jeder einen eigenen Weg finden muss und kann, es dennoch einen gemeinsamen Weg geben kann, den Anforderungen des Lebens standzuhalten.

Es ist wie es ist –
Leben ist nur bedingt änderbar.
Leben ist lebenswert, auch wenn man nicht
alles kann, nicht mehr alles kann.
Notwendige Grundlage ist es, eine Einstellung
(Haltung) zu finden.

Arzt und Pädagoge – verschiedene Zugänge und Sichtweisen (im Folgenden umschließt Arzt und Pädagoge sowohl männliche als auch weibliche Personen)

Eine Begegnung zwischen Menschen im gegenseitigen Respekt, in der Achtung vor der Persönlichkeit und den Möglichkeiten des jeweiligen Gegenübers – des Patienten oder des Ratsuchenden – schafft die Voraussetzung für die Annahme dessen, was getan, gesagt werden kann, muss.

In der Begegnung zwischen Arzt und Patienten ist in erster Linie das Wissen gefragt, das Stellen einer genauen Diagnose, das Aufzeigen von möglichen Behandlungen. Die Hoffnung ist immer begleitend, dass eine Form der Behandlung gefunden werden kann.

Der Arzt hat in einem genau definierten Rahmen die Möglichkeit, einen Menschen und auch dessen Angehörigen zu begleiten.

Der pädagogische Begleiter hat sich mit einer komplexen Lebenssituation auseinanderzusetzen, die nicht nur Wissen verlangt, um reagieren zu können. Er kann lediglich Wege des Umgangs mit Fragestellungen gemeinsam mit dem Betroffenen erarbeiten, er kann Chancen anbieten, analysieren, nicht mehr, nicht weniger.

Ärzte begegnen Eltern auf ihrem Weg der Auseinandersetzung mit einem Kind mit Behinderung, Beeinträchtigung, chronischer und lebensverkürzender Erkrankung unverzichtbar immer wieder, sind auf besondere Weise Wegbegleiter.

Oft sind es immer wieder andere.

Und der erste Arzt, der die Diagnose übermittelt, hat eine besondere Funktion, bleibt immer in Erinnerung, positiv wie negativ.

Aussagen werden nach Jahrzehnten von Eltern wörtlich wiedergegeben wie: „Alles, was aus diesem Kind wird, liegt in Ihrer Hand."

Und das Empfinden der Mutter bei einer Diagnose des Kindes: „Mit der Diagnose meiner Tochter bekam ich lebenslänglich."

Und auch die überzeugende Ehrlichkeit der Aussage von Ärzten wird erinnert und geschätzt: „Wir werden alles für Ihr Kind tun, damit es möglichst würdig leben und im Rahmen seiner Möglichkeiten selbstständig werden kann. Die schwere Behinderung aber bleibt."

In der Begleitung von Eltern hat der Pädagoge oder andere ,Spezialist' immer wieder mit diesen Aussagen zu tun, meist der ersten Ärzte, die mit ihren Mitteilungen die Lebensperspektiven einer Familie völlig verändert haben.

Auch andere Fachleute sagen Sätze, die nie vergessen werden, positiv wie negativ: "Das wird schon, wenn sie nur täglich die Übungen machen, immer um dieselbe Zeit."

"Andere werden auf den ersten Blick nicht erkennen, dass Ihr Kind behindert ist."

Manche Sätze von anderen Menschen können Eltern nicht mehr hören. Sie empfinden es als abwertend und uninteressiert, obwohl ihnen ihr Verstand sagt, dass es anders gemeint ist.

"Wenn nicht Sie, wer sollte das sonst schaffen!"

"Sie schaffen das schon!"

"Ich bewundere Sie, wie Sie das machen. Ich könnte das nicht."

In der Begleitung von Familien, in denen eines oder mehrere Kinder mit Behinderungen oder Erkrankungen leben, werden diese Aussagen in der Wahrnehmung der Eltern miteinander verknüpft. Nur selten begegnen sich diejenigen, die mit ihren Aussagen ei-

gentlich so etwas wie ,Wegweiser' gesetzt haben. Leider gibt es kaum ,Kreuzungen'.
Deshalb möchte ich hier den Versuch wagen, anhand einer persönlichen Erfahrung die unterschiedlichen Herangehensweisen darzustellen. Vielleicht gelingt es, einander neue Denkprozesse und dadurch andere Perspektiven zu eröffnen, die zu Chancen und Möglichkeiten von Verstehen ohne Beurteilung führen.

Wichtig ist für mich dabei die Verknüpfung zu unserem Leitbild in der Arbeit herzustellen: Janusz Korczak, 1878 – 1942.
Janusz Korczak war Arzt und Pädagoge und Schriftsteller. Er vertrat konsequent eine Haltung und gab Menschen Hoffnung. Charakteristisch für Janusz Korczak war es, Menschen in Würde und Gleichberechtigung zu begleiten und diese Sichtweise auch zu vermitteln.
Wichtigste Grundhaltung war das Ernstnehmen aller Menschen, aller Äußerungen, Zeichen, unabhängig vom Alter der Menschen, unabhängig von der Zugehörigkeit zu einem bestimmten Milieu. Dazu ist es notwendig, verschiedene Milieus zu kennen, um Signale, auch Worte zu verstehen und in einen Zusammenhang einordnen zu können. Es erfordert Wissen und eine ausgeprägte Beobachtungsgabe sowie die Fähigkeit des Fragens.
Im Zusammenleben mit Kindern war für ihn nichts zu unbedeutend, um wichtig und ernst genommen zu

werden. Er hat nicht mit anderen verglichen, sondern alles war wichtig und wesentlich, was ein Kind betraf.

„Er macht das jetzt, weil er traurig ist."

„Er hat noch nie etwas eigenes besessen."

Sein Ziel war es, Verstehen von Handeln zu ermöglichen, Zusammenhänge zu begreifen, daraufhin zu reagieren – als Arzt wie als Pädagoge. Als Arzt zu handeln, als Pädagoge Wege zu finden für den Einzelnen und im Miteinander, für Verstehen zu plädieren, Verzeihen als Ziel zu haben.

Und das alles in einer Zeit der größten Bedrohung für die ihm anvertrauten Menschen.

Nichts war ihm gleichgültig, alles, was zum Beispiel Kinder sagten, wie sie handelten, war gleichwertig gehört, gesehen zu werden. Er begegnete ihnen mit gleicher Achtung.

Vielleicht – als Frage gestellt – war es nur mit dieser Haltung möglich, den Menschen Wege aufzuzeigen, die schwere, aussichtslose, nicht zu beeinflussende Realität auszuhalten, mit ihr zu leben, unter den gegebenen Bedingungen das zu realisieren, was noch möglich war, ohne ständig an das Ende denken zu müssen.

Dazu gehörte im Waisenhaus unter anderem das Aufrechterhalten aller Rituale, das Ringen um Gerechtigkeit, Ehrlichkeit in dem überschaubaren eigenen Rahmen. Damit wurden Regeln nicht sinnentleert, nicht unglaubwürdig, nicht außer Kraft gesetzt durch die Aussichtslosigkeit dieses Lebens, die nicht zu beeinflussen war.

Das vermittelte allen Halt.

Sein Menschenbild ist in einem Satz zusammenzufassen:
Das Kind wird nicht erst Mensch, sondern es ist von Beginn an einer.
Und die Rechte des Menschen gelten für alle,
eigene Erfahrungen sammeln, zu leben und zu sein wie man ist, dabei den anderen zu respektieren.
So sind die Rechte des Kindes von Korczak zu lesen:
1. Das Recht des Kindes auf seinen eigenen Tod.
2. Das Recht des Kindes auf den heutigen Tag.
3. Das Recht des Kindes, so zu sein, wie es ist.

Die Wirkung von Überzeugung und Haltung am Beispiel der Sprache und des Einsatzes von sogenannten ‚Krücken'
(Möglichkeiten, um Botschaften, Worte zu unterstreichen)

„Wenn ein chronisch Unterernährter einen Apfel isst, ist seine Erschöpfung damit noch nicht behoben."

Als ich ungeduldig auf das Ende einer Erschöpfungsphase wartete, die mir allzu lang schien, und auf die möglichst schnelle Wirkung einer Behandlung hoffte, reagierte die behandelnde Ärztin KW mit oben genanntem Satz. Touché!
Auf unmittelbare Rückfrage antwortet sie, dass diese Bemerkung nicht geplant war, der Satz ihr spontan in den Sinn gekommen war, sodass sie ihn aussprechen musste.

Mich hat er in der Tiefe meiner Auseinandersetzung mit dem ‚Nicht-Warten-Können' berührt – dessen ich eigentlich fähig bin, wenn ich in der Begleitung anderer Menschen gefordert bin. Berührt und erreicht – das gewählte Beispiel traf zentral meine Schwierigkeit, etwas zu akzeptieren, auf etwas achten zu müssen, zum Beispiel meine Ernährung, während andere Menschen in der Welt und auch um mich herum nichts oder nicht ausreichend zu essen haben und schon gar nicht auswählen können. Diese Gedanken bewegen mich seit meinem ersten Aufenthalt in VietNam 1970 immer wieder stark, treiben mich um.

Ich will ihr glauben, beweist sie mir erneut die hohe Sensibilität von KW für Zwischentöne, wenn ich auf die Frage, wie es ist, antworte. Ich mag auch nicht immer stöhnen, mein Jammern empfinde ich schon auf ‚hohem Niveau'.

Wann erreichen uns Worte, wann die Sprache eines anderen?

Wer setzt Sprache ein, muss sich auf Sprache verlassen, um zu erklären, was wichtig, nicht zu vermeiden ist?

Was bedeutet sich einfühlen können oder auch Intuition? Welcher Worte, Wege, Umwege, ‚Krücken' bedarf es, damit jemand sich angesprochen fühlt und nicht behandelt, abgehandelt, eingeordnet, sondern persönlich gemeint fühlt.

Menschenbild

KW hat den Anspruch an sich – und muss ihn als Ärztin haben, komplexe Zusammenhänge im Körper so zu übersetzen, dass der Patient verstehen kann, was in ihm und mit ihm passiert, welche Folgen zusammenhängen und warum welche Schritte der Behandlung notwendig sind.

Da ist täglich mehrfach Übersetzungshilfe zu leisten.

Sie muss mit Menschen aus allen Milieus und Menschen jeglichen Alters umgehen können.

Und wenn Worte nicht reichen, setzt KW Möglichkeiten ein wie zum Beispiel Karten oder spontan den Prozess der Krankheit beschreibende Zeichnungen, die sie zeitgleich erstellt.

Später werde ich auf die einzelnen Möglichkeiten noch genauer eingehen, die die Bedeutung von Karten – mit und ohne ergänzende Worte von der Ärztin oder vom Patienten haben.

So erklärt sie zum Beispiel geduldigst und oft wiederholend die Wirkung von Stress, wenn Symptome des Körpers, bedingt durch eine Lebensweise, nicht ‚richtig oder gut genug' von einem Patienten erfasst werden können beziehungsweise sich Einstellungen nicht sichtbar ändern, die Hinweise nicht ernst genug genommen werden.

Stress kann müde machen, zu Anspannung führen, auch wenn er positiv ist und nicht als belastend wahrgenommen wird, Symptome im Körper, zum Beispiel Spannungen, deuten darauf hin.

Manchmal ist es für eine Erklärung unterstützend, eine Karte zu zeigen, in der ein Mensch im Hamsterrad läuft, das sich eben ständig dreht.

Ein erkennendes und anerkennendes Lachen seitens des Patienten oder auch gemeinsam mit KW ermöglicht den Einstieg in ein Gespräch, in dem konkrete Empfehlungen ,anders' aufgenommen werden können, durch eine irgendwie entstehende gemeinsame Basis, manchmal auch ein Aufatmen, angenommen und umgesetzt werden können.

Erwartungen

Ein Arzt bekommt den Auftrag von dem ihn aufsuchenden Patienten, aus den geschilderten Beobachtungen oder zu erkennenden Fakten Zusammenhänge zu erkennen, eine oder mehrere Erklärungen zu finden, eine Diagnose zu stellen und Vorschläge für eine Behandlung zu machen.

Er stellt Zusammenhänge her, kann sie mit verschiedenen Möglichkeiten überprüfen, Medikamente oder anderes zur Behandlung vorschlagen, erproben, beobachten, eventuell wechseln, um heilen zu können.

Er kann Schmerzen lindern.

Schon im Zuhören der Schilderung der Symptome des Patienten kann er für sich sondieren, ob er helfen kann oder die Notwendigkeit besteht, an einen Facharzt zu überweisen.

Er hat verschiedene Möglichkeiten der Reaktion zur Verfügung.

Sein Ziel ist es zu behandeln und möglichst zu heilen oder auch Wege aufzuzeigen, mit Krankheiten leben zu können, die einer ständigen Behandlung bedürfen.

„Es ist, wie es ist", sagt KW zum Beispiel bei der Vermittlung der Diagnose Diabetes. „Mit einer Diabetes kann man leben, leben lernen. Man muss sich und sein Leben darauf einstellen."

Bei schwersten Erkrankungen eines Menschen muss auch ein Arzt aushalten, dass eine Heilung nicht mehr möglich ist.

Auch dann kann er – bei vorhandenem Einfühlungsvermögen und wenn er sich die Zeit dafür nimmt – dem Patienten vermitteln, was dieser noch für sich tun kann, wie er dabei unterstützend tätig sein kann (etwa Schmerzlinderung bei schwerster Krebserkrankung).

In solchen Situationen ist es hilfreich für den Patienten, wenn die Anteilnahme des Arztes spürbar wird.

Das kann auch gemeinsames Schweigen sein.

Vertrauenserweckend ist ein Arzt, der seine Kompetenzen und Fähigkeiten einschätzen kann. Er braucht ein umfassendes Wissen und trägt bei jeder Diagnose eine große Verantwortung.

Es ist seine Pflicht zu prüfen, welche Zusammenhänge zwischen Symptom und Prozessen im Körper bestehen könnten. Er kann zur Verantwortung gezogen werden, sollte er etwas übersehen.

Wenn ein Arzt Eltern die Diagnose einer Behinderung überbringen muss, sind nur schwer Worte zu finden, die nicht zu Verletzungen, Kränkungen führen. Kaum jemand wird im Anschluss sagen, dass der Arzt das aber gut gemacht hat und ihn für diese Information anerkennen.

Sich Zeit zu nehmen, für Fragen von Eltern offen zu sein, ist eine Möglichkeit, die folgenreiche Diagnose im Leben einer Familie mit allen Konsequenzen für vorhergehende Lebensplanungen zu vermitteln.

Worte in einer solch prägenden Lebenssituation bleiben für immer in Erinnerung.

Manchmal reicht es auch zu sagen: „Ich werde das mir Mögliche tun, mich informieren, damit ich Ihnen sagen kann, welche Formen der Behandlung Ihrem Kind und Ihnen gut tun werden."

„Ein Leben ist auch lebenswert, wenn man nicht alles kann."

„Wir werden Schritt für Schritt prüfen, was wir noch unterstützend tun können. Wir klären dann in einem weiteren Gespräch, welche Vorgehensweisen möglich sind, und Sie entscheiden."

Das ‚Wir' ist in einer solchen Situation keine Vereinnahmung, eher eine Zusage, einen Patienten, eine Familie nicht alleinzulassen.

Der Wunsch von Menschen ist eigentlich immer zu hören, dass sie nicht unheilbar erkrankt sind. So gibt es ‚Unwörter' in der Medizin wie Tumor, Behinderung, die dennoch nicht in der Vermittlung einer Diagnose ausgeschlossen werden können.

Es ist ebenso wichtig, dass Menschen auch bei anderen Diagnosen aufnehmen, was sie zur Beseitigung der Symptome tun müssen, beitragen können. Manchmal, sagt KW, sind Menschen so erleichtert, dass ihre Befürchtungen nicht bestätigt werden, dass sie alles andere nicht mehr aufmerksam anhören können.

Zur Behandlung von langfristigen Erkrankungen, mit deren Akzeptanz der Patient noch kämpft, können einfühlende Sätze und Hinweise auf Bilder, Brücken, ‚Krücken' die Annahmebereitschaft erhöhen.

„Bitte verschreiben Sie mir ein Medikament, damit ich das alles besser durchhalten kann!"
„Soll das heißen: Verschreiben Sie mir ein Medikament, dass ich besser mit dem Kopf durch die Wand kann, damit es nicht so weh tut? Das kann ich nicht und das gibt es nicht. Nehmen Sie doch einfach die Tür." (KW)

„Was kann ich denn noch tun? Leer ist leer haben Sie beim letzten Termin gesagt, leerer geht nicht!"
„Sie kennen doch die Geschichte von der alten Treckerbatterie ... Die lädt sich nicht so schnell wieder auf, das braucht schon einige Ladungen." (KW)

„Wird dieser Zustand irgendwann aufhören?"

„Bleiben Sie geduldig, ich bin es doch auch!" (KW)

Der Faktor Zeit
Ein Arzt hat eine Sprechstunde und Sprechzeiten. Verschiedenste Menschen mit den unterschiedlichsten Symptomen kommen zu ihm.
Er muss die Sprechzeit begrenzen, zuhören, sich auf einen Menschen, ein Gespräch einlassen, Fragen stellen, klären, vermitteln, handeln oder etwas verschreiben, Ergebnisse festhalten, um sich dann mit ebenso großer Konzentration auf den nächsten Patienten einzulassen.

KW wählt dazu die Form, die Patienten selbst in ihren Raum zu holen, das heißt, konkret aus der Tür zu gehen, dort zu begrüßen und den Patienten ins Zimmer zu geleiten.
Vorher hat sie – und dazu sind die Abkürzungen, Chiffren, geeignet – den vorhergehenden Prozess dokumentiert, zu einem jetzt möglichen Ende gebracht.

KW wirkt immer ansprechbar und ist erkennbar freundlich.
„Das ist meine Aufgabe", sagt sie.
Und sie hat sich in all den Jahren die Neugier auf den Patienten, den Menschen und seine Geschichte erhalten, selbst wenn sie ihnen häufiger begegnet.

Sie wirkt interessiert an allem, kann fragen, sodass jeder fühlt, dass er gemeint ist und im Moment auch nur er zählt. Und das als Mensch und nicht als Fall.

KW weiß um die Bedeutung von Zeit und billigt diese den Patienten in angemessenem Rahmen zu. Weiß sie, dass jemand länger braucht, wird das im Vorhinein geplant, sodass kein Druck entsteht.

Sie kann auch Lebensgeschichten immer wieder zuhören, achtet die Bedeutung des Zuhörens für einen Menschen, auch in einem Krankheitsprozess.

Mag ein Tag, Stunde um Stunde in der Praxis sicher auch anstrengend sein, sie hat gelernt, für sich zu sorgen, Pausen, Rückzugsmöglichkeiten einzubauen.

,Krücken'

Persönlich erlebe ich eine Behandlung, die für den Körper unterstützend ist, das Symptom lindert, wobei nicht klar ist, ob diese Behandlung das Symptom auskurieren wird. Die Behandlung gibt mir Kraft. Ein erneutes Suchen nach einem anderen Weg, damit zu leben, wird dadurch überhaupt erst ermöglicht.

Das ist eine Form von ,Krücke', ein Festhalten an etwas, was derzeit noch nicht anders möglich ist. Einen wesentlichen Anteil im Durchhalten dabei hat die Akzeptanz dieser Krücke durch KW, ihre Vermittlung, dass diese Form so in Ordnung ist.

Ähnlich ist es manchmal bei Erkrankungen, die der Patient noch nicht ernst genug nimmt. Sicher ist es eine Gratwanderung der Verantwortung, wenn Leben gefährdet wäre. Dazu ist es notwendig, Kompromisse ertragen zu lernen. Das ist bei der Behandlung einer Diabetes oft notwendig.

Und die Grenze ist da, wo ein Arzt nicht mehr verantworten kann, dass ein Patient nichts tut.

Wo ist die Grenze, den Weg des Patienten zu respektieren, wenn er sich nicht behandeln lassen will?

An den Patienten gerichtete Worte von KW wie
„Bis gleich!"
„Machen Sie es gut!"
„Ich sehe Sie dann wieder!"
ermöglichen die Arbeit an der eigenen Einstellung zur Erkrankung.

Sehr wohl wissend, nur einer unter vielen zu sein, versteht man das ,persönlich-an-einen-gerichtet-sein' und schätzt es in der Anonymität manch anderer Arzträume, mancher Begegnung mit Ärzten.

Auch der Frage „Was würden Sie denn an meiner Stelle machen?" weicht KW als Mensch nicht aus.

Die Sprache eines Arztes beeinflusst einen Patienten im Umgang mit seiner Erkrankung.

Dazu ein weiteres Beispiel aus der Praxis von KW.

Wenn ein Mensch eine Behandlung der Diabetes nicht so umsetzen kann, wie es für die Gesundheit erforderlich ist, werden Schulungen in kleineren Gruppen durchgeführt. Fühlt sich der einzelne Mensch als Versager, weil er nicht umsetzen kann, was erforderlich ist, ist es erleichternd, andere zu erleben, die es auch nicht – noch nicht – schaffen.

Die Wahl der Bezeichnung einer solchen Gruppe als ‚Trümmertruppe' hat bei den Patienten ein Schmunzeln hervorgerufen, eine Chance entstehen lassen, aus eigenen Trümmern gemeinsam etwas zu erarbeiten, was dem Einzelnen dann wieder als Gerüst für die eigene Person zur Verfügung steht.

Es ist keine Beurteilung, geschweige denn Verurteilung darin. Und der Patient kann die Chance erkennen, die ihm gegeben wird.

Vertrauen

Für mich ist es absolut vertrauensbildend, wenn mir ein Arzt nicht gleich eine Antwort gibt, sondern sagt, darüber müsse er nachdenken, etwas nachschauen.

Grenzen kann ich akzeptieren, Suchen nach möglichen Zusammenhängen ist mir vertraut.

Umwege

Wenn ich zum Beispiel für mein körperliches Befinden keine Worte finden kann, mag, bediene ich mich mitunter einiger Umwege über symbolische Gegenstände (Karten), die KW akzeptieren kann.

„Wie geht es Ihnen heute?"
Auf den Karten steht:
Lass mich Arzt, ich bin durch.
Ich kenne meine Grenzen, ich überschreite sie ja oft genug.

Es reicht nicht aus, den Überblick zu behalten, man muss auch durchblicken.

Manchmal ist es nicht die Welt, die auf dem Kopf steht, sondern nur eine Frage des Blickwinkels.
Es geht in der Behandlung darum, eine Perspektive zu verändern, auch akzeptieren zu lernen, dass Beschwerden bleibend sind.

Das Glas ist halb voll, das Glas ist halb leer.
Pessimisten stehen im Regen, Optimisten duschen unter den Wolken.

In manchen Situationen habe ich vor dem Arztbesuch überlegt, mit welchen Karten ich – und dann ohne ergänzende Worte – meine aktuelle Situation schildere.
Manchmal entscheide ich spontan, ob ich ein Bild verwende, einen Gegenstand, ein Symbol.
Hilfreich und immer in mehrfachem Sinn ankommend bei KW sind Gegenstände in 3D, die Veränderung andeuten.
3D-Karten, bei denen man mit nur wenig Anstrengung einen veränderten Blickwinkel erreichen kann, ein anderes Bild sieht.
Es gibt diese Karten in jedweder Form, auch mit Kommentaren wie zum Beispiel Querdenken, Gedankenspinner, Dickkopf.
3D-Lineale sind Messlatten, können den Maßstab verdeutlichen. Dargestellt sein können zum Beispiel Men-

schen in einem Zahnrad, bei verschiedenen Bewegungsarten.

Sie ermöglichen mir in meiner beruflichen Tätigkeit auch immer die Frage an Geschwister, wer denn, was denn in der Familie der Maßstab ist, wer die Messlatte legt, woran man selbst seine eigene Leistung misst.

KW hat diese Möglichkeit zu fragen auch zur Verfügung.

Es gibt andere Karten, bei denen man nur durch eigenes Schieben oder Ziehen eine Veränderung des Bildes erzielt.

Auch mit Radierern kann ich Aussagen vermitteln. Nicht nur, dass die umfassende Aussage bleibt (*Leben ist Zeichnen ohne Radiergummi, O. Kokoschka*), es kann die aktuelle Form des Umgangs mit Beschwerden sein, den Wunsch ausdrücken, ihn ändern zu wollen, nicht zu wissen wie etc.

Es gibt zurzeit Radiergummis in vielfältiger Form, knetbar, als Nuss (Ich bin eine harte Nuss, habe eine harte Schale, der Kern ist nicht zu erkennen, nicht zu knacken.), als Feuerlöscher mit dem Text ‚Fehlerlöscher' versehen und zahlreiche andere mehr.

Der Einsatz dieser ‚Krücken' nimmt in der Praxis nicht mehr Zeit in Anspruch, als für den Patienten eingeplant war, mitunter verkürzt er sie sogar.

Es ist ein Verstehen ohne Worte.

Kurskorrekturen

Übungen in Geduld

Gedanken einer Schwester eines autistischen Bruders:

„Man bringt ihm viel Liebe entgegen und es scheint so, als würde man nichts zurückbekommen.

Doch wahrscheinlich muss man bei Moritz das Doppelte, Dreifache oder mehr geben, um die leise, eher auch sehr seltene ganz besondere Antwort zu bekommen.

Es ist sehr anstrengend, das auszuhalten, denn man muss sehr geduldig sein.

In manchen Zeiten hat man das Gefühl, es gibt sie gar nicht mehr, die Antwort, und man fragt sich, wo sie geblieben ist. Doch wenn man sie bekommt, wird einem klar, dass keine Mühe ‚umsonst' war."

(Pauline, 13 Jahre)

Ich erlebe eine ähnliche Form von Geduld in der Haltung von KW.

Sie sagt was sie denkt zum Verhalten eines Patienten zu seiner Krankheit. Sie hat mit all ihren Möglichkeiten vermittelt, was erforderlich und zu beachten wäre. Sie drängt sich nicht auf. Sie wartet ab mit aller Verantwortung, die sie als Ärztin übernimmt, setzt Fristen, wo Kontrolle notwendig ist, arbeitet aber nicht mit Druck und Macht. Sie gibt Prozessen der Auseinandersetzung mit einer Erkrankung eine andere Richtung, Bedeutung.

Ihre Haltung verlangt Ausdauer und Kraft, von ihr und auch vom Patienten.

Manchmal deutet sie Dinge um, sodass Erfordernisse nicht nur notwendige Übel sind.

Sie redet Krankheiten weder weg noch beschönigt sie. Auch sie erlebt Krankheit als Verletzung, als Kränkung eines Menschen, besonders wenn es eine chronische Erkrankung ist.

Eine solche Erkrankung erfordert eine grundsätzliche Einstellungsänderung. Eigentlich kann alles so bleiben wie es ist, nur die Einstellung muss sich ändern, im doppelten Sinn: die Einstellung zum Leben, die Einstellung zum notwendigen Gebrauch von Insulin zum Beispiel. Das hat zur Folge, eine andere Einstellung zum Essen, zu Zeiten, zum Auffallen in der Öffentlichkeit zu finden, sich zu deklarieren müssen, obwohl man diese Erkrankung einem Menschen nicht ansieht.

Das bedeutet, einen Umgang mit Kontrollgeräten zu lernen, regelmäßige Arztbesuche; das heißt, sich von anderen kontrollieren lassen, nicht mogeln können. Das bedeutet zu akzeptieren, dass diese Erkrankung ein Leben lang bleibt.

Es gibt einen wichtigen Unterschied zu anderen bedrohlichen Erkrankungen. Man kann damit leben lernen und alles machen, muss auf nichts verzichten.

Man kann sich selbst gefährden, ohne Hand anlegen zu müssen – und das immer wieder.

Es kann letztlich niemand eingreifen.

Vielleicht ist die Einstellung von KW zu beschreiben in Worten wie:

„Das Leben ist lebenswert, wenn auch nicht mehr alles geht."

„Man muss nicht alles versuchen – manchmal ist warten hilfreich."

„Jetzt haben Sie es so lange geschafft – jetzt wird es diese kommende Zeit doch auch noch gehen?"

„Es kann ja nur besser werden."

Es geht oft darum, andere Perspektiven zu vermitteln, nicht mehr nach dem Warum zu fragen, sondern zu respektieren, akzeptieren, dass das so ist.

Ich brauche eine Behandlung. Punkt.

„Es ist wie es ist." (KW)

Warten

Wenn eine regelmäßige Kontrolle einer Behandlung durch einen Arzt nicht notwendig ist, erhält der Arzt keine Nachricht, ob die Behandlung erfolgreich war.

Der Patient kommt nicht wieder.

Es kann auch bedeuten, dass er unzufrieden war und den Arzt gewechselt hat.

Der pädagogische Begleiter eines Menschen muss sich eigentlich immer fragen, ob das gemeinsame Nachdenken, seine Fragen, Hinweise nach einer Beratung im Alltag der Menschen umgesetzt werden konnte. Er hat keinerlei Anrecht auf eine Rückmeldung.

Manchmal erhält er sie in weiteren Gesprächen, zufälligen Begegnungen.

„Ich weiß nie, was meine Arbeit bei einem Menschen bewirken kann." (MW)

„Ich spüre doch am Abend auch nicht, was ich getan habe. (KW)

Erfolge
Erfolge, was bedeuten sie im menschlichen Zusammenleben?
Erfolge durch Verstehen von Zusammenhängen? Was heißt das eigentlich?
Wer entscheidet darüber?
Bewerten kann das nur der Mensch, den es betrifft, der spüren kann, was ihm gut tut, welcher ihn in einer bestimmten Fragestellung begleitende Mensch seinen Vorstellungen und Erwartungen anspricht, auf welche Beziehung er sich einlassen kann, welcher Weg möglich wird.
Es fordert hohe gegenseitige Akzeptanz des jeweils anderen, die sich immer lohnt, wenn das Leben dadurch wieder eine andere Qualität bekommen kann als vor der Begegnung
Um Zusammenhänge erkennen, vermuten, sehen zu können, braucht es neben allem oder zusätzlich zu allem Wissen einen Sinn, ein Gespür, die Möglichkeit eines Denkens jenseits des Vorgegebenen. Gedanklich sind Grenzen zu überschreiten.
Dazu gehört auch Neugier auf Fragen, auf Denkweisen, Erkennen von Strukturen, Einwirkungen von Fakten.
Das ist nicht vermittelbar im ursprünglichen Sinn von Lernen und Lernstoff.

Es ist vielleicht wirklich das Interesse am Menschen, an seinen Wegen des Lebens, an Akzeptanz von Anderssein, das Fragestellungen erlaubt, das Denken von Zusammenhängen ermöglicht, ohne zu verletzen. Es ist weder zu beweisen noch abzulehnen.

Es bleibt eine Denkmöglichkeit, die mitunter die Kraft hat, neue Wege einschlagen zu können, Zusammenhänge zu erkennen, sich mit seinem Sosein zu akzeptieren, anzuerkennen.

Das ist auch die Chance, die KW und ich haben im Austausch von Gedanken und Verstehen menschlichen Handelns.

Loslassen

Eine konkrete Diagnose kann helfen und beseitigt Symptome – das ist beim Arzt bei vielen Erkrankungen zu erwarten. Komplexere Zusammenhänge brauchen Zeit. Der Arzt informiert sich, erprobt, begleitet den Einsatz von Medikamenten, tauscht sich mit anderen aus.

Der pädagogische Begleiter kann nur selten direkt sagen, welche Ursache das Verhalten, die Störung, die Auffälligkeit hat. Er kann immer nur vermuten, Denkprozesse in Gang setzen, die zu Lösungen führen können, wenn die Menschen dazu bereit sind und sich darauf einlassen können.

Bei einer konkreten Diagnose durch einen Arzt gibt es häufig die Möglichkeit, einen Weg der Behandlung vorzuschlagen, Medikamente zu empfehlen etc. Aber der Patient kann damit anders umgehen, als es sinnvoll ist.

Die Verantwortung liegt beim Menschen selbst.

Das macht die Entscheidung oft nicht leichter, auch wenn sie vom anderen akzeptiert wird.

Der Arzt muss sich absichern.

Der Pädagoge kann das gar nicht.

Er muss sich auseinandersetzen mit unterschiedlichsten Vorstellungen von Lebensentwürfen und deren Veränderung durch Erkrankung oder Behinderung.

Er hat keinen Einfluss auf Entscheidungen, kann bestenfalls Hinweise geben.

Liegt eine Entscheidung in der eigenen Hand, ist auch niemand anderes für die Folgen verantwortlich. Damit setzen sich Arzt und Pädagoge auseinander.

Eine Rolle für die Akzeptanz der Vorschläge des jeweils anderen spielt manchmal auch das Alter im Verhältnis von Arzt – Patient, begleitendem Pädagogen und Begleitetem.

Mit dieser Rolle sollte sich eigentlich jeder Begleitende auseinandersetzen.

Worte haben auch eine unterschiedliche Bedeutung, je nachdem, von wem sie ausgesprochen werden. KW bleibt immer jünger als ich, begleitet unterschiedliche Phasen meines Lebens.

Als ich jünger war, haben mir zum Beispiel Eltern andere Fragen gestellt, als sie es heute tun. Heute bin ich älter als die meisten Eltern und Geschwister, die ich begleite, der Austausch ist ein anderer geworden.

Sicher zählt bei allen Formen der Begleitung in erster Linie die fachliche Kompetenz, dennoch spielen andere Faktoren mit eine Rolle, die zunächst nicht deutlich zu erkennen sind.

Als ‚Krücke', ‚Brücke' an dieser Stelle noch einmal eine Kartenserie:

Ich kann mich ärgern, bin aber nicht dazu verpflichtet.

Erfahrung ist eins der Dinge, die man nicht umsonst bekommt. *(Oscar Wilde)*

Am Ende wird alles gut. Und wenn es nicht gut ist, ist es auch noch nicht das Ende.
Heute war gestern, morgen auch.

Wir sind hier nicht bei Wünsch dir was, sondern so Isses.

Diese Kartenserie hat eine nuancierte andere Bedeutung im Kontext eines Arztes als im Kontext eines begleitenden Pädagogen.
Es gibt Berührungen, Gleiches und sich ergänzende andere Blickwinkel.
Sie klar erkennen zu können, braucht ein genaues Hinsehen.
Dazu passend lässt sich auch mit Brillenputztüchern diese Hoffnung beschreiben:

Schluss mit den trüben Verhältnissen!

Klare Sicht voraus!

Wie übertragen sich diese Erfahrungen in der Begleitung von Menschen auf die persönliche Einstellung zum Leben?

KW beschreibt es in dem Wort Gleichmut.

Gleichmut, das heißt:

Es ist wie es ist.

Ich kann erkennen, lindern, Zusammenhänge akzeptieren.

Leben ist auf eine gewisse Weise vorbestimmt, wen, was auch immer man dafür benennen will, verantwortlich machen will.

Das führt auch zu Gelassenheit bei allen Bemühungen, das zu verändern, was möglich ist.

Das hilft, unterstützt, schwierige Phasen des Lebens auszuhalten, in denen Wege nur versucht werden können, es aber keine Garantie geben kann, dass der Weg der richtige ist, der zu dem Ziel führt, neue müssen versucht werden.

Es heißt auch, sich mit Gegebenem abfinden zu müssen, sich darin einfinden zu müssen.

Um dann mit seinem Leben das zu tun, was möglich ist und auch Sinn macht.

Ist halt so!

Eine persönliche Geschichte

Ich bin in regelmäßiger ärztlicher Behandlung. Das muss sein, da gibt es eigentlich keine Diskussion. Jeglicher Ausbruch, jegliche Unterbrechung verstärkt das Symptom, verschlechtert den körperlichen Zustand. Ich habe die optimalen Bedingungen dazu, eine kompetente Ärztin, ein verständnisvolles Praxisteam, einen Raum, in dem ich warten kann, ohne mich den Gesprächen oder dem Argwohn anderer aussetzen zu müssen, abgesprochene günstig liegende Zeiten und auch noch Verständnis, wenn diese nicht eingehalten werden können und geändert werden. Das könnte alles entgegenkommender nicht sein.

Und doch ringe ich mit mir und dieser Behandlung, deren Ende noch nicht in Sicht ist, die mir guttut.

Ich wehre mich innerlich, ich verweigere sie mir, ich verschiebe, experimentiere etc.

Ich komme aber immer wieder darauf zurück – und das kann ich, ohne Vorwürfe zu bekommen.

Ich kann Unterstützung bekommen, die Entscheidung bleibt bei mir, die Konsequenzen trage ich sowieso immer. Ich weiß darum, bin informiert, aufgeklärt – mir sind die Prozesse bewusst.

Die Psyche ist kompliziert, ich muss mich, ich muss sie manchmal austricksen, meinen Widerstand überwinden.

In guten Zeiten denke ich wenig darüber nach, handle so, wie ich es selbst als unterstützend und richtig erkannt habe. In kritischen Zeiten gerät manches durcheinander, gerät ins Wanken, mühsam mir selbst zugestandene Selbstverständlichkeiten ‚wackeln': Dennoch brauche ich durch die Länge der Zeit dabei Brücken, vielleicht auch ‚Krücken'.

Ich habe sie und kann sie benutzen, kann damit ‚spielen' und werde immer verstanden.

Es sind Karten verschiedenster Art, in denen ich mich vermitteln kann, ohne Worte verwenden zu müssen.

Verschiedenste körperliche und seelische Zustände, die ja zusammenspielen, finden damit einen Ausdruck.

Es ist, als fände ich hier die Möglichkeit, mich zu vermitteln, so wie Menschen, die zu mir in Beratungen und Gruppen kommen, es auch lernen und einsetzen können. Und ich kann die Bereiche hier sogar miteinander verbinden.

Es hat sich eine ‚eigene Sprache' entwickelt.

Sie nimmt keine Zeit in Anspruch, die mir nicht zusteht, d. h. alles findet in dem Rahmen statt, der vorgegeben, vorgesehen ist.

Zu Beginn dieses besonderen „Austauschprozesses" mit KW war manches unsicher, ich war mir unsicher, ob ich es wagen würde, mich in dieser Form auszudrücken.

Ich kann mir des Respekts und des angemessenen menschlichen Umgangs sicher sein bei einer fachlichen

Kompetenz, die im Vordergrund steht, nicht infrage gestellt und wovon auch nicht abgelenkt wird.

Ich kenne mich in kritischen Situationen, in denen ich Menschen suche, die Geduld einbringen, bis ich bereit bin, den vorgeschlagenen Weg zu gehen.

Ich nehme immer Umwege und brauche die Sicherheit von Auswegen.

Ich kenne in diesen Phasen auch die Möglichkeit, Symbole einzusetzen, wenn ich keine Worte mehr finde: Labyrinthe, 3D-Magnetspiele, Lineale als 3D-Objekte, die Maßstäbe setzen, die sich verändern und immer wieder neu definiert werden müssen, Radiergummis (*Leben ist Zeichnen ohne Radiergummi, Kokoschka*). Diese Form ist bereits an anderer Stelle beschrieben.

Im Folgenden sollen nur Karten sprechen.

Die Reihenfolge der Spruchkarten hier ist willkürlich und hat keine Bedeutung.

Die Karten können auch in anderer Reihenfolge eingesetzt werden. Der Sinn kann sich dadurch verändern.

Es können Kartenserien entstehen, die, ohne ein Wort sprechen zu müssen, eine Situation beschreiben.

Auch ich bekomme häufiger Kartenserien zugeschickt von Geschwistern mit der Aufforderung zu reagieren, allerdings ohne dass ich einen Hinweis darauf bekomme, in welcher Reihenfolge ich sie lesen soll.

Das Praktische an der Wahrheit: Jeder hat eine.

Es gibt meine Sicht. Es gibt deine Sicht.
Und es gibt eine Sicht, die wir beide nicht kennen.

Ich war bereits durch und durch erwachsen. Und nun
dieser Rückfall.

Geht nicht, gibt's nicht.
Geht nicht, geht anders.

Wenn du es träumen kannst,
kannst du es auch tun.

Ich kann nicht mehr – mach du mich weiter!
Lass mich Arzt. Ich bin durch!

Keine Panik.
Wenn Plan A nicht funktioniert, keine Panik, das Alphabet hat 25 andere Buchstaben.
Plan A ist durch, jetzt kommt Plan B.
(noch mal anfangen, Pause machen, wieder versuchen, über sich selbst lachen, anders machen, sich
freuen, gut finden, fertig)

Man muss die Schuld auch mal bei anderen suchen.

... Das kann ich mir jetzt auch nicht erklären ...
Ich kann jetzt auch nur vermuten, was ich damit meine.

Mir doch egal.
Ich hab da nicht dran gedacht drüber nachzudenken.

Glänzende Aussichten
Ich bin über den Berg – ich bin über alle Berge.
Ich bin nicht kompliziert, sondern eine Herausforderung.
Ich sehe nur so brav aus, damit die Überraschung größer wird.

Am Ende wird alles gut, sonst ist es noch nicht das Ende.
Alles wieder auf Anfang?!?

Ich muss nicht immer im Mittelpunkt stehen, sitzen ist auch okay.

Ich kenne meine Grenzen. Ich überschreite sie ja oft genug.
Wir alle brauchen jemanden, der uns keine Vorwürfe macht.
Wir sind unsere eigene Grenze – überschreiten wir sie.

Zukunft –
Man kann gegen Wellen ankämpfen oder sich von ihnen in die Zukunft tragen lassen.

Noch Fragen?
Auf diese Frage antworte ich mit einem entschiedenen Vielleicht.

Die Antwort ist Ja. Wie war noch mal die Frage?

Ich kann vieles, aber auch nicht mehr.

Man muss die Tatsachen kennen, bevor man sie verdrehen kann.
Jeder spinnt auf seine Weise – der eine laut, der andere leise. *(Ringelnatz)*

Du bist nicht anders. Du bist besonders.
Ich bin nicht wie die anderen, ich bin schlimmer!
Du bist nicht komisch, du bist eine Limited Edition!
Mich kann man nicht beschreiben, mich muss man erlebt haben.

Veränderung
Manchmal muss man eine andere Richtung einschlagen, um schneller ans Ziel zu kommen.
Manchmal muss man eine andere Perspektive einnehmen, um klarzusehen.
Manchmal muss man anders als alle anderen sein, um sich selbst zu finden.

Manchmal ist es das Vernünftigste, einfach ein bisschen verrückt zu sein!

Das Leben ist zu kurz, um sich darüber aufzuregen.

Bleib dran! Das Leben ist eine Nuss. Sie lässt sich zwischen zwei weichen Kissen nicht knacken.
(Arthur Miller)

Alle sagten, das geht nicht. Dann kam einer, der wusste das nicht und hat's einfach gemacht.

Ich rede oft mit mir selbst, keiner versteht mich so gut wie ich.

Glück ist, wenn die Katastrophe eine Pause macht.
Wenn die Dinge nicht so laufen, wie du es dir vorstellst, dann stell dir etwas anderes vor.

Nicht weil es schwer ist, wagen wir es nicht, sondern weil wir es nicht wagen, ist es schwer.

Jeder hat ein Anrecht auf sein eigenes Problem.
Wenn das die Lösung meines Problems ist, gib mir mein Problem zurück.
Die meisten Probleme entstehen bei ihrer Lösung. *(Leonardo da Vinci)*

Lieber verrückt das Leben genießen als normal langweilen.
Lass mich – ich muss mich da kurz reinsteigern.
Du hast zwar recht, aber ich finde meine Meinung besser.
Meine Meinung steht fest. Verwirr mich nicht mit Tatsachen.

Wenn ich dir jetzt recht gebe, dann liegen wir ja beide falsch.

Tausche Neben- gegen Hauptgedanken.

Ich kann mich ärgern, bin aber nicht dazu verpflichtet.
Was man selber tut, kann kein anderer falsch machen.

Keiner ist so verrückt, dass er nicht noch einen Verrückten findet, der ihn versteht. *(Nietzsche)*

Hoffentlich wird es nicht so schlimm, wie es jetzt schon ist. *(Karl Valentin)*

Ich kann nicht mehr.
Ich kann echt nicht mehr.
Mir geht's so richtig gar nicht gut!

Ein Argument wird nicht besser, wenn man es ständig wiederholt.
Um klarzusehen genügt oft schon ein Wechsel der Blickrichtung. *(Antoine d' Exupéry)*

Ich lebe in meiner eigenen Welt. Das ist okay, man kennt mich dort.

Ich bin nicht zickig! Du machst nur nicht das, was ich will.

Toleranz ist die Erkenntnis, dass es keinen Sinn macht, sich aufzuregen.

Man wird ja praktisch immer missverstanden.

Die Zeit mag Wunden heilen, aber sie ist eine miserable Kosmetikerin. *(Mark Twain)*

Einfach so? So einfach!
Wir schaffen das!
Man muss da durch, man weiß nur nicht wo!

NEIN – sonst noch Fragen?
Welchen Teil vom NEIN hast du nicht verstanden?

Sei gut zu dir!
Die Wirklichkeit kümmert sich nicht um unsere Bedenken.
Wir sind hier nicht bei Wünsch dir was, sondern so ISSES.

Es muss nicht immer alles Sinn machen. Oft reicht es schon, wenn es Spaß macht.

Du schaffst das!
Ich hab es geschafft. Ich bin super.

Der Sinn des Lebens verfolgt mich, aber ich bin schneller.

Erfahrung ist eins der Dinge, die man nicht umsonst bekommt.

Das sind die guten Zeiten.
Weniger müssen.
Wann? Wenn nicht jetzt?

Aufstehen – überleben – schlafen gehen
Tausche Alltag gegen Leben

Das Leben kann so scheiße sein!!!
Man muss sich nur Mühe geben!
Mein Leben ist ein einziges AB und AB.

Leben ist das, was passiert, während du eifrig dabei bist, andere Pläne zu machen.

Auch humorvolle, zynische Karten erreichen das Gegenüber, wenn die Grundlage des Verstehen-Wollens gegeben ist.

Diese Postkarte kann Spuren von Zynismus und Sarkasmus enthalten.

Humor ist der Knopf, der verhindert, dass uns der Kragen platzt. *(Ringelnatz)*

Beklage dich nicht, wenn du im Leben zu kurz kommst. Dafür geht es anderen besser.

Gegen Freitagabend auflockernde Bevölkerung.

Was wären wir ohne das, was uns immer gefehlt hat!
An manchen Tagen geht einem einfach alles auf den Keks.

Wenn dich mal wieder etwas nervt, streu einfach Glitzer drauf.

Wenn du eine Pechsträhne im Leben hast, färbe sie einfach um.

Wenn ehrlich sein so schwierig ist, wie einfach muss dann lügen sein!

Ich bin nicht zuständig.

Auch aus schlechten Aussichten lassen sich gute Einsichten gewinnen.

Zu einem derartigen Austausch können auch Karten ohne Worte verwendet werden, mit Zeichnungen, meist in 3D-Form, Veränderungsmöglichkeiten andeutend.
Mir ist diese Möglichkeit, mich in dieser Form auszudrücken, nicht nur wertvoll, sondern eigentlich auch unverzichtbar geworden.

Ich muss in keiner Stimmungssituation passen. Ich habe viele Karten im Vorrat.

Ich weiß aber auch, dass ich nicht dazu verpflichtet bin,
diese ‚Krücken' zu nutzen.

zum Abschluss:

Warum einfacher, wenn es auch schwerer gehen kann?

Ich bin nicht da,
bin mich suchen gegangen.
Wenn ich wieder da bin,
bevor ich zurückkomme,
sagt mir: „Ich soll auf mich warten."

Ich fühle mich
Als könnte ich Bäume ausreißen
Also keine Bäume
Besser Bambus
Vielleicht Blumen
Na gut, Gras
Gras geht.

Nächstes Jahr werde ich alles ganz anders machen –
wenn nur schon nächstes Jahr wäre!

Schluss mit den trüben Verhältnissen –
Klare Sicht voraus

Jedes Mal, wenn du alle Antworten gelernt hast,
ändern sich die Fragen.

Punkt
Ist halt so

„Ich kann nicht wissen ... "

Leitsätze von Janusz Korczak, die uns immer wieder in der Arbeit beschäftigen, herausfordern, an denen wir uns orientieren.

Janusz Korczak, Arzt, Pädagoge, Schriftsteller, Pole und Jude (1878 – 1942)

Sprich lieber davon, welche Hoffnungen du selbst hegtest, welchen Illusionen du erlagst, welchen Schwierigkeiten du begegnet bist, wie du gelitten hast, als du mit der Realität in Berührung kamst, welche Fehler du begingst, und wie du, indem du sie korrigiert hast, gezwungen warst, von geheiligten Absichten abzurücken, und welche Kompromisse du eingegangen bist. *(Sommerkolonien)*

***

Das Kind wird nicht erst Mensch, es ist schon einer.

***

Die Rechte des Kindes:
1. Das Recht des Kindes auf seinen Tod.
2. Das Recht des Kindes auf den heutigen Tag.
3. Das Recht des Kindes, so zu sein, wie es ist.

***

Laß uns Achtung haben vor der gegenwärtigen Stunde, dem heutigen Tag.

Das Recht des Kindes auf Achtung.

***

Ihr sagt: „*Der Umgang mit den Kindern ermüdet uns.*"
Ihr habt recht.
Ihr sagt: „*Denn wir müssen zu ihrer Begriffswelt hinun-*
tersteigen.

Hinuntersteigen, uns herabneigen, beugen,
kleiner machen."
Ihr irrt euch. Nicht das ermüdet uns. Sondern – dass
wir zu ihren Gefühlen empor klimmen müssen. Empor
klimmen, uns ausstrecken, auf die Zehenspitzen stellen, hinlangen. Um nicht zu verletzen.

***

Gib den Kindern einen guten Willen,
unterstütze ihre Anstrengungen,
segne ihre Mühen.
Führe sie nicht den leichtesten Weg,
aber den schönsten.
(Janusz Korczak: Allein mit Gott
Gebete eines Menschen, der nicht betet
Gebet eines Erziehers)

***

Wie, wann, wieviel – warum?
Ich ahne viele Fragen, die auf Antwort warten, Zweifel,
die Aufklärung fordern.
Und ich antworte „Ich weiß nicht".
Immer, wenn du ein Buch aus der Hand legst und beginnst, den Faden eigener Gedanken zu spinnen, hat
das Buch sein angestrebtes Ziel erreicht.
Wenn du rasch umblätterst – Vorschriften und Rezepte suchst und dich ärgerst, dass es so wenige sind –

wisse, falls es da Ratschläge und Hinweise gibt, entspricht das nicht dem Willen des Autors.

Ich weiß nicht und kann nicht wissen, wie mir unbekannte Eltern unter unbekannten Bedingungen ein mir unbekanntes Kind erziehen können – ich betone – können, nicht – wollen, und auch nicht – sollen.

„Ich weiß nicht", das ist in der Wissenschaft der Ur-Nebel, aus dem die sich neu formenden Gedanken auftauchen, und sie kommen der Wahrheit immer näher.

„Ich weiß nicht", das ist für den mit dem wissenschaftlichen Denken nicht vertrauten Geist eine quälende Leere.

Das schöpferische „Ich weiß nicht" des modernen Wissens vom Kind ist wunderbar, voller Lebendigkeit, voller hinreißender Überraschungen – und ich möchte lehren, es zu verstehen und zu lieben.

Ich möchte, dass man versteht, dass kein Buch, kein Arzt (kein Pädagoge, Ergänzung) den eigenen aufmerksamen Gedanken, die eigene genaue
Betrachtung ersetzen können.

(Janusz Korczak: Wie liebt man ein Kind)

***

Ich habe einen Forscher-, keinen Erfindergeist.

Forschen , um zu wissen?

Nein.

Forschen, um zu finden, bis auf den Grund vorzudringen?

Auch das nicht.

Also forschen, um immer weiter – und weiter zu fragen.

Ich richte meine Fragen an Menschen (kleine Kinder und Greise), an Tatsachen, Ereignisse, Schicksale. Mich packt nicht der Ehrgeiz, eine Antwort zu finden, ich möchte vielmehr zu weiteren Fragen vordringen, nicht unbedingt nach demselben Gegenstand.

(Janusz Korczak: Tagebuch aus dem Warschauer Ghetto)

***

Die Frage ist wichtiger als die Antwort.

***

„Wer kann Erzieher werden?"

„Alle Tränen sind salzig, wer das begreift, kann Kinder erziehen, wer das nicht begreift, kann sie nicht erziehen."

(Von Kindern und anderen Vorbildern [1979] S. 119)

***

Erkenne dich selbst, bevor du Kinder zu erkennen trachtest.
Leg dir Rechenschaft darüber ab,
wo deine Fähigkeiten liegen,
bevor du damit beginnst,
Kindern den Bereich ihrer Rechte und Pflichten abzustecken.

***

Wenn du Kinder erziehen willst, musst du dein eigenes Leben reich gestalten. Lies, gehe ins Theater, liebe die Natur, versuche dich selbst zu fühlen, so weit und so viel du nur kannst. Alles, was in dir selbst geschieht, was in dir lebendig werden kann, kommt der Pädagogik zugute.

***

Erlaube den Kindern, Fehler zu machen und frohen Mutes nach Besserung zu Streben.
Kinder wollen lachen, rennen, übermütig sein.
(*Janusz Korczak, WL*)

***

Das Kind ist wie ein Pergament, dicht beschrieben mit winzigen Hieroglyphen, von denen du nur einen Teil zu entziffern vermagst; einige kannst du löschen oder nur durchstreichen und mit eigenem Inhalt füllen.
(*Janusz Korczak, WL*)

***

Du gehst in die Irre? Vergiß es, es ist keine Schande, in dem unermeßlich tiefen Wald des Lebens den Weg zu verfehlen. Selbst wenn du dich verirrst – schau dich gut um, und die wirst ein Mosaik aus lauter schönen Einzelbildern erblicken. Du leidest?
Unter Schmerzen kommt die Wahrheit zur Welt.

***

Dank der Theorie weiß ich, dank der Praxis fühle ich. Ich weiß, bedeutet nicht, ich handele in dem Sinne, was ich weiß. Fremde Anschauungen fremder Menschen müssen im eigenen, lebendigen ICH zum Durchbruch kommen.

***

Das Ganze fügt sich aus Kleinigkeiten zusammen.
Die einsichtigste Wahrheit, die in ihrer praktischen Anwendung schwer zu realisieren ist, sollte gewissenhaft und kritisch geprüft werden. Wir sind weit erfahrener als Kinder, wir wissen sehr vieles, was Kinder nicht wis-

sen, aber was sie denken und fühlen, das wissen sie besser als wir.

Es ist die Kunst des Erziehers, diese halbbewussten Motive zu erfahren, manchmal nur zu vermuten und oftmals nach langem Suchen zu entdecken.

Janusz Korczak: Sämtliche Werke (Hrg.: Erich Dauzenroth / Friedhelm Beiner). Bd. 1 – 15. Gütersloh 1996 – 2005.
Janusz Korczak: Das Recht des Kindes auf Achtung. Göttingen 1994
Janusz Korczak: Wie liebt man ein Kind. Göttingen 1992

Die zweitbeste Lösung?

An dieser Stelle möchte ich allen danken, die den Prozess des Schreibens begleitet haben. Es war schwieriger als beim Schreiben vorhergehender Bücher. Immer wieder hatte ich Zweifel, ob es überhaupt gelingen könnte zu vermitteln, was ich eigentlich sagen möchte. Mein Dank gilt an erster Stelle allen Geschwistern, die mir begegnet sind und mir die Chance gegeben haben, mich einer Lebenssituation anzunähern, der ich großen Respekt und Achtung entgegenbringe.

Er geht auch an manche FreundInnen, die trotz meiner Worte „jetzt gebe ich auf" mich davon abgehalten, das zu tun, und immer wieder Worte gefunden haben, die mich ermutigt haben weiterzumachen, um noch mehr zu begreifen und weiterzusuchen und zu fragen. Manche, die mit ihrer Unterstützung wesentlich zu meinem Durchhalten beigetragen haben, möchten nicht persönlich genannt werden.

Zu besonderem Dank verpflichtet bin ich Renate Welsh-Rabady und Alfred Büngen, die auch das Ringen in der sogenannten „letzten Minute" mit getragen haben.

Manchmal muss man zunächst die zweitbeste Lösung umsetzen, damit man von dort weiterarbeiten kann, um zu einer anderen, vielleicht besseren Lösung einer Frage zu kommen.

Ich konnte manches nicht mehr schaffen, was ich noch schreiben wollte, fand noch keine Worte – und unter Zeitdruck ohnehin nicht.

Dieses Buch ist dennoch keine zweitbeste Lösung auf dem Weg der Suche nach Antworten auf Fragen. Ich muss ohnehin immer weitersuchen, fragen, beobachten, nachdenken, schreiben, um mehr und mehr zu verstehen.

Unter dem Arbeitstitel „Sprechen ohne Worte, Verstehen ohne Sprache" soll in absehbarer Zeit ein weiteres Buch erscheinen.

Unter anderem soll es die vielen Möglichkeiten zeigen, über Spiele, auch ungewöhnliche Bücher, non-books Menschen anzusprechen, um mit ihnen an die Themen zu kommen, die sie bewegen.

Danken möchte ich besonders all denen, die es durch ihre Spenden und ihr Engagement ermöglichen, dass seit 5 Jahren die Janusz Korczak-Geschwisterbücherei ein geschützter Raum werden konnte, der verlässlich Kindern, Jugendlichen, Erwachsenen zur Verfügung steht, die sich für Fragen von Menschen interessieren, die mit besonderen Herausforderungen leben.

Antworten zu akzeptieren, mit einstweiligen Antworten zu leben und weiterzusuchen ist auch eine Lebensform von Geschwistern.

Deshalb sollen sie hier noch einmal zu Wort kommen.

Franzi, 16 Jahre
Ich habe viele Fragen, die mich beschäftigen. Fragen nach dem Warum und dem Sinn. Solche Fragen können nicht beantwortet werden.
Es ist frustrierend für mich, mir diese Tatsache nicht eingestehen zu können. Ich stelle weiter diese Fragen, ohne Rücksicht auf meinen Verstand zu nehmen, der weiß, dass es aussichtslos ist. Denn selbst wenn ich irgendwann Antworten finden würde, würde ich mir die Fragen auf andere Weise und aus einem anderen Blickwinkel neu stellen.
Ich kann also nie eine Antwort finden, mit der ich ganz zufrieden sein werde.

Inga, 16 Jahre
Wir stellen uns viele Fragen. Mit der Zeit werden es immer mehr. Doch auf viele gibt es keine Antworten. Und doch müssen diese Fragen auch gestellt werden. Manche Fragen können aber gar nicht richtig in Worte gefasst werden. Trotzdem beschäftigen sie uns.
Für manche mögen unsere Fragen „unnötig" oder „sinnlos" wirken, da uns bewusst ist, dass es keine Antworten darauf gibt. Doch wir suchen trotzdem Tag für Tag weiter nach Antworten in der Hoffnung, einiges zu finden, mit dem wir zufrieden sein können oder das uns weiterbringt.

Mika, 13 Jahre, wählt einen Bumerang als Symbol.
So ist es auch bei Geschwisterkindern, sagt er.
Fragen kommen immer wieder zu einem zurück.
Es ist wie bei einem Bumerang.
Man muss es immer wieder versuchen, weil der Bumerang nicht direkt beim ersten Mal zurückkommt.

Vor wenigen Tagen verabschiedeten wir uns von Annalena, die 31 Jahre mit NCL lebte.
Bei der Trauerfeier sagte der Pastor:
Sie hinterlässt ein Erbe: zu lernen, zu verstehen, zu lieben, zu vergeben, über Grenzen und Trennungen zueinander zu finden und mehr zu sehen, als vor Augen ist.

Ihre und viele andere Geschwister haben das schon früh gelernt.
Geschwister teilen sich mit.
Hören wir mehr, als gesagt wird.
Fragen wir bei ihnen nach, damit wir verstehen, was gemeint ist.

Ein verständnisvoller Erzieher ist nicht beleidigt, wenn er ein Kind nicht versteht, sondern er überlegt, forscht nach und befragt die Kinder.
(Janusz Korczak, WL)

Gedacht
ist noch nicht gesagt
gesagt
ist noch nicht gehört
gehört
ist noch nicht verstanden
verstanden
ist noch nicht einverstanden
einverstanden
ist noch nicht angewendet
angewendet
ist noch nicht beibehalten
(Konrad Lorenz)

Immer, wenn du ein Buch aus der Hand legst und beginnst, den Faden eigener Gedanken zu spinnen, hat das Buch sein Ziel erreicht. *(Janusz Korczak, WL)*

Marlies Winkelheide, 05.11. 2014

Literaturlisten
und weitere Informationen

Literaturlisten für verschiedene Themen wie Behinderung, Sterben und Tod von Geschwistern, Pflegekindern, andere Kulturen etc. (die Listen werden laufend aktualisiert) sind zu bekommen unter

www.Geschwisterkinder.de
www.Geschwisterbuecherei.de

Dort gibt es auch weitere Informationen zu Geschwistergruppen, den Geschwisterrat, die Janusz Korczak-Geschwisterbücherei, dem Seminarangebot und vieles mehr.